高等职业教育汽车检测与维修专业规划教材
国家骨干高职院校建设项目成果

汽车电气设备原理与检修

主　编　郝孟军　陈　丹
副主编　王诗平　宫　涛
参　编　钟易谋　赵　凤　吴　沉
　　　　文　伟　刘　良　卿　龙
主　审　刘福华

机械工业出版社

本书以"任务引入-分析-实施"为主线，按照解决实际问题的逻辑顺序进行编写，重点培养学生根据实际任务解决问题的能力。其内容包括了汽车电源系统、起动系统、照明和信号系统、辅助电器、舒适与安全系统的检修以及汽车全车电路图的读识。

本书主要以经典主流车系如通用、大众、本田等为例阐述汽车电气设备常见故障的产生原因、诊断方法与检修方法及其安全操作要点。全书采用大量图表说明代替文字阐述，直观易读；各系统以项目形式列出，便于组织教学和阅读。

本书可作为高职高专汽车运用与维修专业的教材，也可作为专业汽车维修技术人员的参考书籍。

本书配有电子课件，凡使用本书作为教材的教师可登录机械工业出版社教育服务网 www.cmpedu.com 注册后免费下载。咨询电话：010-88379375。

图书在版编目（CIP）数据

汽车电气设备原理与检修/郝孟军，陈丹主编. —北京：机械工业出版社，2017.10
高等职业教育汽车检测与维修专业规划教材　国家骨干高职院校建设项目成果
ISBN 978-7-111-60499-0

Ⅰ.①汽… Ⅱ.①郝…②陈… Ⅲ.①汽车-电气设备-理论-高等职业教育-教材②汽车-电气设备-车辆修理-高等职业教育-教材　Ⅳ.①U463.6②U472.41

中国版本图书馆 CIP 数据核字（2018）第 161944 号

机械工业出版社（北京市百万庄大街22号　邮政编码100037）
策划编辑：葛晓慧　责任编辑：葛晓慧　谢熠萌
责任印制：常天培　责任校对：刘丽华　李锦莉
北京京丰印刷厂印刷
2018年10月第1版·第1次印刷
184mm×260mm·14.25印张·351千字
0 001—3 000 册
标准书号：ISBN 978-7-111-60499-0
定价：37.00元

凡购本书，如有缺页、倒页、脱页，由本社发行部调换

电话服务	网络服务
服务咨询热线：010-88379833	机工官网：www.cmpbook.com
读者购书热线：010-88379649	机工官博：weibo.com/cmp1952
	教育服务网：www.cmpedu.com
封面无防伪标均为盗版	金　书　网：www.golden-book.com

前　言

近十余年来，我国高职高专教育受到了国家教育部门的高度重视，得到了空前的快速发展，高职高专教育已经成为我国高等教育的重要力量。要发展好高职高专教育，需要得到多方面的支持和配合，其中专业教材建设是重要工作之一。

为了适应高职高专教育改革与发展的形势，大力推进工学结合人才培养模式的教学改革，落实和强化工学结合人才培养模式的教育理念，强化高职高专办学特色，提高高职高专学生职业素养与职业技能，提升教学质量，结合目前整个汽车维修行业的人才需求，特编写了本书。本书改革了现有的课程体系和教学方法，探索和落实了课堂与实习地点一体化的教学模式，加大了课程建设与改革的力度，融"教、学、做"为一体；同时加强了与校外实训基地及企业的合作力度，紧密结合生产实际，通过校企合作进行了生产任务分析和教学项目的提炼。为了达到更好的教学效果，本书采取了项目教学的方法进行编写。

本书共分为6个项目，包括汽车电源系统的检修、汽车起动系统的检修、汽车照明和信号系统的检修、汽车辅助电器的检修、汽车舒适与安全系统的检修，以及汽车全车电路图的识读。

本书以典型轿车车型为例，介绍了汽车电气系统总成及其零部件的组成、类型、构造原理、常见故障诊断和检修。在任务实施中，本书以生产实际为例，按照实际检修流程，对各电气系统进行基本的检查与调整，对常见故障诊断与排除等内容安排能力训练。通过各个项目的学习实践，可以让学生掌握各电气系统的基本理论知识，并且能排除各电气系统的常见故障。

本书由宜宾职业技术学院郝孟军、陈丹主编，王诗平、宫涛副主编，钟易谋、赵凤、吴沉、文伟、刘良、卿龙参编，宜宾职业技术学院刘福华主审。宜宾建国汽车别克4S店技术总监文伟对本书的编写提出了很多宝贵意见，在此深表感谢。

本书在编写过程中参考了大量的资料和文献，在此向原作者表示崇高的敬意和衷心的感谢。由于编者水平所限，加之时间仓促及实践经验不足，书中难免有不少缺点和错误，恳请广大读者批评指正。

编　者

目 录

前言
项目1 汽车电源系统的检修 ………… 1
 任务1-1 电工基础的认知 ……………… 1
 任务1-2 蓄电池的检修 ………………… 13
 任务1-3 发电机的检修 ………………… 30
 任务1-4 电源系统的故障诊断与检修 … 46
 本项目小结 ……………………………… 51
 思考题 …………………………………… 51
项目2 汽车起动系统的检修 ………… 52
 任务2-1 起动机的认知与检修 ………… 52
 任务2-2 起动系统的故障诊断与检修 … 69
 本项目小结 ……………………………… 80
 思考题 …………………………………… 80
项目3 汽车照明和信号系统的检修 … 81
 任务3-1 照明系统的检修 ……………… 81
 任务3-2 灯光信号系统的检修 ………… 90
 任务3-3 电喇叭的检修 ………………… 96
 任务3-4 仪表系统的检修 ……………… 101
 任务3-5 警告灯系统的检修 …………… 105
 本项目小结 ……………………………… 111
 思考题 …………………………………… 111
项目4 汽车辅助电器的检修 ………… 112
 任务4-1 电动刮水器系统及洗涤器
     检修 …………………………… 112
 任务4-2 电动车窗和电动天窗的检修 … 121
 任务4-3 电动后视镜和电动座椅的
     检修 …………………………… 130
 任务4-4 中央门锁控制系统及防盗系统
     的检修 ………………………… 142
 本项目小结 ……………………………… 152
 思考题 …………………………………… 152
项目5 汽车舒适与安全系统的检修 … 153
 任务5-1 空调系统的检修 ……………… 153
 任务5-2 安全气囊系统的检修 ………… 176
 任务5-3 倒车雷达系统的检修 ………… 186
 任务5-4 定速巡航系统的检修 ………… 194
 本项目小结 ……………………………… 203
 思考题 …………………………………… 203
项目6 汽车全车电路图的识读 ……… 204
 任务6-1 汽车的电气电路 ……………… 204
 任务6-2 其他典型轿车的电路分析 …… 216
 本项目小结 ……………………………… 222
 思考题 …………………………………… 222
参考文献 …………………………………… 223

项目1 汽车电源系统的检修

学习目标

1. 知识目标

（1）懂得汽车电工维修的基础知识
（2）熟知汽车电源系统的组成与工作原理
（3）熟知汽车发电机的构造与工作原理
（4）熟知汽车整流电路的工作原理及特点
（5）熟知整流器的工作原理及特点

2. 能力目标

（1）会正确识别蓄电池的型号
（2）会正确维护蓄电池
（3）能在车上或车下拆装发电机、蓄电池
（4）能对汽车发电机及蓄电池进行常规检测及故障排除

任务1-1 电工基础的认知

任务导入

对一名合格的汽车维修技师来说，汽车电气系统的维修技术必不可少，要学会汽车电气系统的检修技术，就必须要练好基本功——学习电气维修基础知识。

在现代汽车中，电气系统是最重要的系统之一，随着用户对汽车动力性、燃油经济性、安全性、舒适性等要求的提高，越来越多的汽车部件和系统都与电控有关。作为一名汽车维修技师，要正确地诊断和排除车上复杂的电气故障，首先应该全面地掌握电工基础知识。

任务分析

本单元讲述电压、电流、电阻等电路的基本概念和电工的基础知识；常用电器电子测量仪器设备的正确使用；低压配电导线的认识与选择；电气安全技术；汽车电气设备的特点及组成。对相关电学知识有全面的理解和掌握，有助于学生对汽车复杂电器故障的诊断与维修打下坚实的基础。

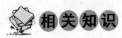

一、电工学基础

1. 电路

1) 电路的定义：由金属导线和电气、电子部件组成的导线回路。
2) 电路的组成：电路由电源、负载、导线、开关组成。
3) 外电路：与电源输出端相连接的导线、开关和负载组成的电路。
4) 内电路：电源内部电流流过的电路。
5) 负载：指连接在电路中消耗电能的电源两端的电子元件。
6) 电源：将其他形式的能量转换成电能的设备。

2. 电路系统中的基本概念

（1）电流

1) 电流的形成：导体中的自由电子在电场力的作用下做有规则的定向运动就形成电流。
2) 产生电流的条件：一是有电位差；二是电路要闭合。
3) 电流的大小：其数值等于单位时间内通过导体截面的电荷量，计算公式为

$$I = \frac{Q}{t}$$

式中　Q——电荷量，单位为 C；

t——时间，单位为 s；

I——电流，单位为 A。

电流单位的换算关系：$1A = 1000mA$，$1mA = 1000\mu A$。

4) 电流的方向：电流的方向是正电荷定向运动的方向（负电荷定向运动的反方向），电流方向与电子运动方向相反。
5) 直流电流（恒定电流）：电流的大小和方向不随时间的变化而变化的电流称为直流电流，简称为直流电（DC）。
6) 交流电流（交变电流）：电流的大小和方向随时间作周期性变化的电流称为交流电流，简称为交流电（AC）。

（2）电压

1) 电压的形成：物体带电后具有一定的电位，在电路中任意两点之间的电位差，称为该两点间的电压。
2) 电压的方向：电压的方向规定为从高电位指向低电位的方向。
3) 电压的单位是伏特（V），用字母 U 或 u 表示，电压常用单位有：千伏（kV）、伏（V）、毫伏（mV）、微伏（μV）。

电压单位的换算关系：$1kV = 1000V$，$1V = 1000mV$，$1mV = 1000\mu V$。

（3）电动势

1) 电动势的定义：一个电源能够使电流持续不断地沿电路流动，就是因为它能使电路两端维持一定的电位差。这种让电路两端产生和维持电位差的能力称为电源电动势。
2) 电动势的单位也是伏特（V），用字母 E 或 e 表示，其计算公式为

$$E = \frac{A}{Q}$$

该式表明电源将其他形式的能转化成电能的能力。其中 A 为外力所做的功单位为焦耳（J），Q 为电荷量单位为库仑（C）。

3）电源内电动势的方向：由低电位移向高电位。

（4）电阻

1）电阻的定义：导电物体阻碍传导电流通过的能力称为电阻。

2）电阻用字母 R 或 r 表示，单位是欧姆（Ω）。

3）电阻的计算公式为

$$R = \rho \frac{L}{S}$$

式中，L 为导体长度单位为 m；S 为横截面面积，单位为 mm^2，ρ 为材料的电阻率，单位为 Ω·m，$\rho_{铜} = 0.017$，$\rho_{铝} = 0.028$。

（5）欧姆定律

1）欧姆定律是表示电压、电流、电阻三者关系的基本定律。

2）部分电路欧姆定律：电路中通过某段导体的电流与这段导体两端所加的电压成正比，与这段导体的电阻成反比，称为部分电路欧姆定律。计算公式为

$$I = \frac{U}{R},\ R = \frac{U}{I},\ U = IR$$

3）全电路欧姆定律：在闭合电路中（包括电源），电路中的电流与电源的电动势成正比，与电路中负载电阻及电源内阻之和成反比，称为全电路欧姆定律，计算公式为

$$I = \frac{E}{R + r_0}$$

式中，R 为外电阻，单位为 Ω，r_0 为内电阻，单位为 Ω，E 为电动势，单位为 V。

（6）串联电路

1）电阻串联：将多个电阻首尾依次相连，电流只有一条通路的连接方法称为电阻串联。

2）电路串联的特点为通过每个电阻的电流都与总电流相等，即 $I = I_1 = I_2 = I_3 \cdots$；总电压等于各电阻上电压之和，即 $U = U_1 + U_2 + U_3 \cdots$；总电阻等于所有电阻之和，即 $R = R_1 + R_2 + R_3 \cdots$；各电阻上电压降之比等于其电阻比，即 $\frac{U_1}{U_2} = \frac{R_1}{R_2},\ \frac{U_1}{U_3} = \frac{R_1}{R_3},\ \cdots$。

3）电源串联：将前一个电源的负极和后一个电源的正极依次连接起来。特点是可以获得较高的电压与电源电动势，计算公式为

$$E = E_1 + E_2 + E_3 + \cdots + E_n$$

$$r_0 = r_{01} + r_{02} + r_{03} + \cdots + r_{0n}$$

$$I = \frac{E_1 + E_2 + E_3 + \cdots + E_n}{(r_{01} + r_{02} + r_{03} + \cdots + r_{0n}) + R}$$

（7）并联电路

1）电阻并联：两个或两个以上电阻的两个端子分别接到一对公共节点上的连接方式，称为电阻并联。

2）并联电路的特点：各电阻两端的电压均相等，即 $U_1 = U_2 = U_3 = \cdots = U_n$；电路的总电流等于电路中各支路电流之和，即 $I = I_1 + I_2 + I_3 + \cdots + I_n$；电路总电阻 R 的倒数等于各支路电阻倒数之和，即 $\frac{1}{R} = \frac{1}{R_1} + \frac{1}{R_2} + \frac{1}{R_3} + \cdots + \frac{1}{R_n}$。并联电阻越多，总电阻越小，供应电流

越大。

3）并联电路的电流与电阻的关系：通过各支路的电流与各自电阻成反比，即 $\dfrac{I_1}{I_2}=\dfrac{R_1}{R_2}$。

4）电源的并联：把所有电源的正极连接起来作为电源的正极，把所有电源的负极连接起来作为电源的负极，然后接到电路中的连接方式，称为电源的并联。

5）并联电源的条件：一是电源的电动势相等；二是每个电源的内电阻相同。

6）并联电源的特点：能获得较大的电流，即外电路的电流等于流过各电源的电流之和。

（8）混联电路

1）定义：电路中既有元件的串联又有元件的并联称为混联电路。

2）混联电路的计算：先求出各元件串联和并联的电阻值，再计算电路的总电阻值；根据欧姆定律由电路总电阻值和电路的端电压，计算出电路的总电流；根据元件串联的分压关系和元件并联的分流关系，逐步推算出各部分的电流和电压。

（9）电功和电功率

1）电功：电流所做的功称为电功，用符号 A 表示。电功的大小与电路中的电流、电压及通电时间成正比，计算公式为 $A=UIt=I^2Rt=\dfrac{U^2}{R}t$，电功及电能量的单位是焦耳，用符号 J 表示；电功也可用千瓦·时度量，用符号 kW·h 表示，$1\text{kW}\cdot\text{h}=3.6\text{MJ}$。

2）电功率：电流在单位时间内所做的功称为电功率，用符号 P 表示。计算公式为

$$P=\dfrac{A}{t}=UI=I^2R=\dfrac{U^2}{R}$$

电功率单位为瓦或千瓦，用符号 W 或 kW 表示。

（10）电流的热效应

电流通过导体时，由于自由电子的碰撞，电能不断地转变为热能，因此电流通过导体时会生热，这种现象称为电流的热效应。电与热转化关系的公式为

$$Q=W=UIt=I^2Rt=\dfrac{U^2}{R}t$$

式中，Q 为导体产生的热量，W 为消耗的电能，单位为 J。

（11）短路

电源通向负载的两根导线，不通过负载而相互直接接通，称为短路。短路时电路的电阻 R 变得很小、电流 I 很大，用公式表示为

$$I=\dfrac{E}{R+r_0}\approx\dfrac{E}{r_0}$$

短路的危害：温度急剧升高，可能烧毁设备、发生火灾；烧毁电源，导致电网破裂。保护措施有安装断路器和熔断器。

（12）交流电路

1）单相交流电

①单相交流电的定义：交流电的电压及电流的大小和方向都随时间按一定规律做周期性的变化，若按正弦规律变化，则称为正弦交流电。

②单相交流电的产生：发电机的线圈在磁场中运动旋转，旋转方向切割磁力线，产生方

向交变的感应电动势。

③单相交流发电机：只有一个线圈在磁场中运动旋转，电路里只能产生一个交变电动势的发电机，称为单相交流发电机。由单相交流发电机发出的电简称为单相交流电。

④交流电与直流电的比较：输送方便、价格便宜、工作可靠、性能稳定。

2）交流电的基本物理量

①瞬时值：电动势、电压、电流某一瞬时的值称为瞬时值。符号分别是：电动势 e，电压 u，电流 i。

②最大值：瞬时值中最大的值，称为交流电的最大值，也称为振幅。符号分别是：E_m，I_m，U_m。

③有效值：正弦交流电的大小和方向随时间变化，用与热效应相等的直流电流值来表示交流电流的大小，这个值就称为交流电的有效值。电动势、电压和电流的有效值分别用符号 E、U、I 表示。

④周期：交流电每交变 1 次（或 1 周）所需的时间，用符号 T 表示；单位为秒（s）；例如，$T = 0.02s$。

⑤频率：交流电每秒交变的次数称为频率。用符号 f 表示，单位是赫兹（Hz）。

⑥角速度：单位时间内变化的角度，用 ω 表示，单位为 rad/s。

⑦相位：反映交流电任何时刻的状态的物理量称为相位，也称为相角。

⑧初相位：指正弦量在 $t=0$ 时的相位，也称为初相角。

⑨相位差：在任一瞬时，两个同频率正弦交流电的相位之差称为相位差。

3）三相交流电

①三相交流电的定义：在磁场里有 3 个互成一定角度的线圈同时转动，电路里就产生 3 个交变电动势。这样的发电机称为三相交流发电机，发出的电称为三相交流电。每一单相称为一相。

②三相交流电的特点：电动势的最大值及有效值分别相等；3 个电动势之间存在相位差。e_A、e_B、e_C 为三相对称电动势。表达式为

$$e_A = E_m \sin\omega t$$
$$e_B = E_m \sin(\omega t - 120°)$$
$$e_C = E_m \sin(\omega t - 240°)$$

4）三种理想电路

①纯电阻电路：电感和电容略去不计的电路称为纯电阻电路。

②纯电感电路：电阻和电容略去不计的电路称为纯电感电路。

③纯电容电路：电阻和电感略去不计的电路称为纯电容电路。

3. 电磁和电磁感应

(1) 磁的基本知识　任一磁铁均有两个磁极，即 N 极（北极）和 S 极（南极）。同性磁极相斥，异性磁极相吸。

磁场：存在于载流导体、永久磁铁、运动电荷或时变电场等周围空间，以电磁感应强度表征的一种特殊形式的物质。

(2) 电流的磁效应　载流导体周围存在着磁场的现象，称为电流的磁效应，即电流产生磁场（电能生磁）。

1）磁效应的作用：能够控制磁场的产生和消失。电动机和测量电压、电流用的磁电系仪表的工作原理就是电流的磁效应。

2）通电导线（或线圈）周围磁场（磁力线）的方向，可用右手定则来判断。通电直导线磁场方向的判断方法：用右手握住导线，大拇指指向电流方向，则其余四指所指的方向就是磁场的方向。线圈磁场方向的判断方法：将右手大拇指伸直，其余四指沿着电流方向围绕线圈，则大拇指所指的方向就是磁场方向。

3）通电导线在磁场中受力的方向，用电动机左手定则确定：伸出左手，使掌心迎着磁力线，即磁力线垂直穿过掌心，伸直的四指与导线中的电流方向一致，此时与四指成直角的大拇指所指方向就是导线受力的方向。

（3）电磁感应　当导体与磁力线之间有相对切割运动时，这个导体内就有电动势产生；磁场的磁通变化时，回路中也有电动势产生。以上现象称为电磁感应现象。由电磁感应现象产生的电动势称为感应电动势。由感应电动势产生的电流称为感应电流。

1）自感：由于线圈回路本身电流的变化而引起线圈回路内产生电磁感应的现象，称为自感。由自感而产生的感应电动势称为自感电动势。

2）互感：在同一空间内设有两个线圈，电流通过一个线圈时，线圈内产生磁通并穿越另一个线圈，使另一个线圈产生感应电动势的现象，称为互感。由互感而产生的感应电动势称为互感电动势。

二、常用测量仪表（万用表、钳形表、绝缘电阻表）

1. 万用表

（1）万用表的外形及结构　万用表由表头、测量电路、转换开关、面板及表壳组成。

（2）万用表常用符号说明

DCV 或 V̱：直流电压　　　　　Ω：电阻单位，欧姆

ACV 或 V̱：交流电压　　　　　k：1000

DCmA、DCμA：直流电流　　　∞：无穷大

（3）万用表的技术数据说明

A：1.5 级直流准确度　　　　B：2.5 级交流准确度

C：2kV 表示 2kV 耐压试验　　D：45～1000Hz 交流频率的范围

E：直 20000Ω/V～交 5000Ω/V 表示灵敏度

（4）万用表的使用

1）使用前的准备工作

①检查表笔的安装，红表笔装"＋"字孔，黑表笔装"－"字孔；如果有较大的电流、电压的测量时，一般黑表笔不动，红表笔装入对应接线孔。

②机械调零旋钮的作用为测量前调零。

③电调零的作用为测电阻时调零。如果不能调零，就表示万用表内电池耗尽，应将电池更换。

2）测量方法

①电阻的测量：可选量程为 ×1、×10、×100、×1k、×10k、×100k；短接两表笔调零后，把表笔接于电阻两端；读数：电阻值 = 刻度数值乘以所设置的倍率。

②测量电流、电压：根据被测对象，将转换开关旋至所需位置；电压测量用并联接入方式，电流测量用串联接入方式；测直流时红笔接"+"，黑笔接"-"；读数：实际数值 = 刻度数值 × $\frac{量程}{刻度数值最大值}$。例如量程为500V，读刻度数值最大值为250的刻度值为200，则实际数值 = $\left(200 \times \frac{500}{250}\right)$V = 400V。

（5）注意事项

1）万用表用完后应将转换开关打在交流电压档或将其打在标有"OFF"的位置上，以免下次用时将表针打坏或将表烧坏。

2）万用表的电池应根据使用频率的多少及时检查，以免没电后电液流出腐蚀电极或元件，导致万用表损坏。不使用时，应将电池取出保管。

2. 钳形表

（1）钳形表的构造　钳形表可看成电流互感器与电流表合二为一的仪表。

（2）测量方法　选用适当的量程，把导线放入钳口，读出读数；当被测电流太小时，可把导线多绕钳口几圈进行测量，此时实际电流值读取方法为电流值 = 读数/圈数。

（3）注意事项

1）测量前不知道电流的大小，必须先选用最大量程测试。

2）测量时只能放入一条导线时，不能多线同时测量，防止触电或短路事故。

3. 绝缘电阻表

（1）绝缘电阻表的选用　绝缘电阻表应按电气设备的电压等级选用，不要使用测量范围超出被测绝缘体阻值的绝缘电阻表，以保证读数准确。特别注意，不要用输出电压太高的绝缘电阻表测低压电气设备，否则就有把设备绝缘体击穿的危险。

（2）绝缘电阻表的接线　绝缘电阻表上有3个接线柱，"线端"接线柱"L"在测量时与被测物和设备的金属外壳或大地绝缘的导体部分相接；"地端"接线柱"E"与被测物金属外壳或其他可导电部分相接；第三接线柱"保护"或者"屏"（符号为G），只有在被测物表面漏电很严重的情况下使用。

（3）注意事项

1）使用绝缘电阻表时，应注意远离大电流的导体和有外磁场的场合，同时放平勿摇动绝缘电阻表本身，以免影响读数。

2）摇动手柄时，应将转速保持在规定的范围内，一般为120r/min左右，手柄应摇到指针稳定。

3）如被测设备短路，表针指到"0"时，应立即停止摇动手柄，以免绝缘电阻表过热烧坏。

4）测试完毕后，应将被测物放电，未放电时不可用手触及被测部分，不可进行拆线工作。

三、低压配电导线的认识与选择

1. 导线类别

（1）裸导线　用铝、铜或钢制成，外面没有包覆层，导电部分能触摸或看到。

（2）绝缘导线　由导电的线芯和绝缘外皮两部分组成，线芯用铜或铅制成，外皮用塑料或橡胶制成，导电部分看不见、摸不着。

2. 绝缘导线的种类

绝缘导线品种繁多，按绝缘材料分主要有塑料绝缘导线和橡胶绝缘导线；按线芯材料分有铜芯导线和铅芯导线；按线芯形式分有单股导线和多股绞合导线；按用途分有布线导线和连接导线。

3. 绝缘导线的结构组成及用途

橡皮绝缘导线由主导电线芯、橡皮绝缘、橡皮填芯、接地线芯、橡皮护套组成。常用绝缘导线的型号、名称及主要用途见表1-1。

表1-1　常用绝缘导线的型号、名称及主要用途

型号		名　　称	主　要　用　途
铜芯	铝芯		
BX	BLX	棉纱编织橡皮绝缘电线	固定敷设，可明敷、暗敷
BXF	BLXF	氯丁橡皮绝缘电线	固定敷设，可明敷、暗敷，尤其适用室外
BXHF	BLXHF	橡皮绝缘氯丁橡皮护套电线	固定敷设，适用于干燥或潮湿场所
BV	BLV	聚氯乙烯绝缘电线	室内外固定敷设
BVV	BLVV	聚氯乙烯绝缘聚氯乙烯护套电线	室内外固定敷设
BVR		聚氯乙烯绝缘软电线	同BV型，安装要求较柔软时用
RV		聚氯乙烯绝缘软电线	交流额定电压250V以下日用电器，照明灯头接线，无线电设备等
RVB		聚氯乙烯绝缘平型软电线	
RVS		聚氯乙烯绝缘绞型软电线	

4. 导线选择的规定与条件

1）必须满足发热条件：在最高环境温度和最大负荷的情况下，保证导线不被烧坏，即导线中通过的持续电流始终是允许电流。

2）必须满足电压损失条件：应保证电路的电压损失不超过允许值。

3）必须满足机械强度条件：在任何恶劣的环境条件下，应保证电路在电气安装和正常运行过程中不被拉断。

4）必须满足保护条件：应保证断路器或熔断器能对导线起到保护作用。

四、电气安全技术

常用电气设备一般有相应的安全色及安全标志。

1. 发电机和电动机上应有设备的名称、容量和编号。

2. 变压器上应有名称、容量和顺序编号；单相变压器组成的三相变压器除标有以上内容外，还应有相位的标志；变压器室的门上，应标注变压器的名称、容量、编号，周围有遮栏的应挂有"止步、高压危险！"等警告类标志牌。

3. 蓄电池的总引出端子上，应有极性标志，蓄电池室的门上应挂有"禁止烟火"等禁止类标志。

4. 照明配电箱为浅驼色；动力配电箱为灰色或浅绿色；普通配电屏为浅驼色或浅绿色；消防或事故电源配电屏为红色；高压配电柜为浅驼色或浅绿色。

5. 电气仪表玻璃表面上应在极限参数的位置上画有红线。

6. 明设的电气管路一般为深灰色。

7. 高压线路的杆塔上用黄、绿、红三个圆点标出相序。

五、汽车电气设备的特点及组成

现代汽车正在向安全、经济、舒适、智能化发展，汽车电气设备正由简单到繁杂、由附属到主要，并不断地发展。

1. 汽车电气设备的特点

（1）低压直流。现代汽油机汽车用12V电源，柴油机汽车用24V电源。由于汽车用电设备的增多，已经出现了42V电源。

（2）两个电源 汽车电源包括蓄电池和发电机，汽车所有用电设备均与蓄电池、发电机并联。发电机为主电源，主要为汽车运行时的各用电设备供电；蓄电池为辅助电源，主要供起动机起动时用电。

（3）负极搭铁。为减少蓄电池电缆铜端子在车架、车身连接处的电化学腐蚀，提高搭铁可靠性，同时统一标准，便于汽车电气设备的生产、使用和维修，规定汽车电气设备采用单线制时，必须统一将电源负极搭铁。

（4）并联单线。汽车用电设备较多，因此均采用并联电路，从电源到用电设备只用一根导线，汽车车身作为一根共用导线。但是安装在钣金件、挂车或非金属车厢板上的电气设备则一般采用双线制。

2. 汽车电气设备的组成

现代汽车电气设备大致可分为三大部分，即电源、配电装置及全车电路、用电设备。

（1）电源 汽车电源包括蓄电池、发电机及电压调节器。蓄电池的作用主要是在发动机起动时向起动机供电，同时辅助发电机向用电设备供电。发电机在正常工作时，主要是向全车用电设备供电，同时给蓄电池充电。电压调节器的作用是保持发电机工作时输出的电压稳定。

（2）配电装置及全车电路 配电装置及全车电路主要包括中央接线盒、保险装置、继电器、线束及插接器、电路开关等，其作用是使全车电路构成一个统一的整体。

（3）用电设备

1）电源系统。电源系统又称为充电系统，由蓄电池、发电机、电压调节器及充电指示装置组成。其作用是向全车用电设备提供低压直流电源。

2）起动系统。起动系统主要由起动机、点火开关、起动继电器等组成，其作用是带动飞轮旋转，使曲轴达到必要的起动转速。

3）点火系统。点火系统可分为传统点火系统和电子点火系统两种，通常由电源、分电器、熔断丝、点火线圈和火花塞等组成。其作用是将低压电转变为高压电，适时可靠地点燃气缸中的可燃混合气。点火系统仅用于汽油机。

4）照明系统。照明系统包括车外和车内的照明，其作用是提供车辆夜间安全行驶必要的照明。

5）仪表系统。常见的仪表有冷却液温度表、燃油表、转速表、车速里程表等，其作用是显示汽车运行的参数及交通信息。

6）信号及报警系统。信号及报警系统主要用来监测发动机及汽车的工作情况，使驾驶人能够通过仪表和报警装置，及时发现发动机及汽车各种参数的异常情况，确保汽车正常运行。

7）电子控制系统。电子控制系统主要是指利用 ECU 控制的各个系统，包括电控燃油喷射系统（EFI）、电控点火系统（ESA）、电控自动变速器（ECT）、防抱死制动系统（ABS）、电控悬架系统（EMS）、自动空调等。采用电控系统可以使汽车上的各个系统均处于最佳工作状态。

8）辅助系统。辅助系统包括电动风窗刮水器、风窗洗涤器、点烟器、低温起动预热装置、车窗玻璃电动升降器、电动座椅、防盗装置、收音机和 CD 机等。辅助电气设备有日益增多的趋势，主要向舒适性、娱乐性、安全保障等方面发展。

一、实施环境

1）汽车实训基地。
2）万用表、放电器、蓄电池、蓄电池充电机、呆扳手。
3）毛刷、极柱电缆夹拆卸器、极柱电缆清理器、苏打水。

二、实施步骤

万用表的使用方法与步骤：

1）测量电压。电压分为直流电压和交流电压，测量直流电压时要把指针转到直流电压档，并把表笔并联到电路中；测量交流电压时要把表笔转到交流电压档，并把表笔并联到电路中。

2）测量电流。要先大致估测一下电流值，根据实际电流的大小把指针转到相应的 mA、A、μA 档。

3）测量电阻和检查电路通断一样，要把指针箭头转向欧姆档。

使用完之后，应立即把指针打到 OFF 档，节省电源。

任 务 工 单

任务 1-1 电工基础的认知

班 级		姓 名		学 号	
地 点				等 级	
任务目的					
任务过程	1. 写出电工学中的基本物理量 2. 分别给出单相交流电和三相交流电的定义 3. 说说什么是电流的磁效应 4. 列出常用的测量仪表				

（续）

任务过程	5. 说说常用电气设备的安全色及安全标志 6. 写出汽车电气设备的组成				
考核评价	考评项目		分 值	教师考核	备 注
	素质考评	团队协作	10分		
		语言表达	10分		
		实训纪律	10分		
	过程考评	工具使用	10分		
		任务实施	30分		
		完成情况	20分		
		工位整理	10分		
	合 计				

任务1-2 蓄电池的检修

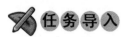

铅酸蓄电池（以下简称"蓄电池"）是汽车两个电源之一，是汽车电源系统的重要组成部分，主要用作汽车上的辅助电源，它的好坏直接决定汽车起动系统等是否能正常工作。为此，作为一名合格的汽车维修技师，必须掌握蓄电池的结构及工作原理，并能对蓄电池进行正确检测及故障诊断。

本单元讲述蓄电池的作用、结构组成及工作原理，同时分析电池的工作特性、常规检查项目及日常维护。要求学生掌握蓄电池的结构原理、常见故障诊断及排除方法。

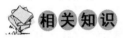

一、蓄电池的作用

汽车上装有蓄电池与发电机两个直流电源，全车用电设备均与直流电源并联连接。汽车电源系统的组成如图1-1所示。

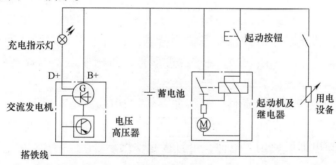

图1-1 汽车电源系统的组成

蓄电池的作用有：
1）发动机低速运转时，向用电设备和发电机励磁绕组供电。
2）发动机中高速运转时，将发电机剩余的电能转化为化学能储存起来。
3）发动机起动时，向起动机和点火系统供电。
4）蓄电池相当于一个大容量电容器，能吸收电路中出现的瞬时过电压，保护电子元件，保持汽车电气系统电压稳定。
5）发电机过载时，协助发电机向用电设备供电。

二、蓄电池的型号及构成

按JB/T 2599—2012《铅酸蓄电池名称、型号编制与命名办法》的规定，蓄电池型号由三部分组成,其型号组成如图1-2所示。

(1) 串联的单体蓄电池数　串联的单体蓄电池数是指该电池总成所包含的单体蓄电池数目,用一位阿拉伯数字表示。

(2) 电池类型代号　电池类型根据其主要用途划分,用一个汉语拼音首字母表示,起动型蓄电池用"Q"表示,代号"Q"是"起"的汉语拼音首字母。D表示电动车用蓄电池。

串联的单体蓄电池数　电池类型和特征代号　额定容量

图1-2　蓄电池的型号组成

(3) 电池特征代号　电池特征为附加部分,用一个汉语拼音字母表示,仅在同类用途的产品有某种特征而在型号中又必须加以区别时采用。当产品同时具有两种特征时,应按表1-2的顺序将两个代号并列标示。

表1-2　常见电池产品特征代号

产品	干荷电	湿荷电	免维护	少维护	激活式	密封式	胶体式
代号	A	H	W	S	I	M	J

(4) 额定容量　蓄电池额定容量是指蓄电池在规定条件(放电率、温度、终止电压等)下放出的电量多少,单位为A·h,在型号中可用阿拉伯数字表示,单位省略不写。有时在额定容量后面用一个字母表示特殊性能,如"G"表示高起动率、"S"表示塑料外壳、"D"表示低温起动性好。

例如,6-QAW-54$_a$,6表示6个单体蓄电池,汽油机汽车蓄电池每个单体蓄电池电压为2V,额定电压即为12V;Q表示蓄电池用途为汽车起动用蓄电池;A和W表示蓄电池的特征,A表示干荷电型蓄电池,W表示免维护型蓄电池,若不标则表示普通型蓄电池;54表示蓄电池的额定容量为54A·h;角标表示改进型号,角标a表示对原产品的第一次改进,若为角标b则表示第二次改进,以此类推。

若型号后加D则表示低温起动性能好,如6-QA-110D。

"干荷电池"的意思不是干电池,而是未售出时以干体电池的形态存放,售出时加入电解液后20min无须充电即可使用的电池,可直接起动汽车。

三、蓄电池的构造

汽车常用的蓄电池由6个单格电池串联而成,每个单格电池的电压约为2V(充满电时为2.1V),串联后端电压为12V。

蓄电池的结构如图1-3所示,其构件主要有极板、隔板、电解液、外壳、联条、接线柱等。

1. 极板

极板上的工作物质称为活性物质,主要由铅粉、添加剂与一定浓度的稀硫酸混合形成铅膏。为防止龟裂和脱落,铅膏中还掺有玻璃纤维等牵引附着物。

极板分为正极板和负极板。将涂上铅

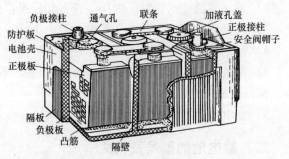

图1-3　蓄电池的结构

膏后的生极板先经热风干燥,再放入稀硫酸中进行充电得到正、负极板。正极板上的活性物质为二氧化铅（PbO_2）,呈棕红色；负极板上的活性物质为海绵状纯铅（Pb）,呈青灰色。

目前国产蓄电池极板的厚度为1.8～2.4mm,国外大都采用1.1～1.5mm厚的薄型极板（正极板比负极板厚）。采用薄型极板可提高蓄电池的比容量和起动性能。

安装时各片正、负极板相互嵌合,中间插入隔板后装入蓄电池单格内便形成单格电池。在每个单格电池中负极板总比正极板多1片。因为正极板活性物质比较疏松,且正极板处的化学反应剧烈,反应前后活性物质体积变化较大,所以正极板夹在负极板之间,可使其两侧放电均匀,从而减轻正极板的翘曲和活性物质脱落。

2. 隔板

为了减少蓄电池的内阻和尺寸,蓄电池的正、负极板应尽可能靠近。为了防止相邻正负极板彼此接触而短路,正、负极板之间要用隔板隔开。有的厂家用微孔塑料袋做成袋式隔板（因其形似信封,故亦称信封式隔板）,套在正极板上,可以有效地防止活性物质脱落。

3. 电解液

电解液（俗称电瓶水）是用纯净硫酸和纯净蒸馏水按一定比例配制而成的稀硫酸溶液。电解液的密度对蓄电池的性能和寿命影响很大。

为了提高蓄电池容量和降低电解液的冰点,希望电解液的密度大一些。但密度过大,会使流动性变差,反而会降低蓄电池的容量,而且还会加快隔板和极板的损坏,缩短蓄电池的使用寿命。

（1）电解液的组成　蓄电池的电解液,是由相对密度为$1.84g/cm^3$的纯硫酸和相对密度为$1.00g/cm^3$的蒸馏水配制而成的。

（2）电解液的密度　一般在$1.24～1.31g/cm^3$的范围内。气温低用高密度电解液（防冻）,否则用低密度电解液。

（3）电解液的影响因素　电解液的密度、温度、纯度影响蓄电池的性能、寿命和还原系数。一般工业用硫酸和普通水中,因含铁、铜等有害杂质,绝对不能加入到蓄电池中去,否则易自行放电,且易损坏极板。故蓄电池电解液要用规定的蓄电池专用硫酸和蒸馏水配制。电解液密度还与充放电状态直接相关。

4. 外壳

外壳用来盛装电解液和极板组,使蓄电池构成一个整体。外壳材料有硬橡胶和塑料两种。

每个单格的盖板中间有加液孔,可以用来检查液面高度和测量电解液的密度,加液孔平时用加液螺塞拧紧。加液螺塞中心的通气孔应保持畅通,使蓄电池在电化学反应中放出的气体可随时逸出。

5. 接线柱

蓄电池首尾两极板组的横板上焊有接线柱（亦称极柱）,接线柱有圆锥形、L形和侧孔形三种。为了便于区分,正接线柱附近标有"＋"或"P"标记,负接线柱附近标有"－"或"N"标记,有些蓄电池正接线柱上涂有红色油漆。

6. 联条

联条的作用是将单格蓄电池串联起来,提高整个蓄电池的端电压。联条一般由铅锑合金铸造而成,硬橡胶外壳蓄电池的联条位于电池上方,塑料外壳蓄电池则采用穿墙式联条。

四、蓄电池的工作原理

蓄电池在充、放电过程中的化学反应是可逆的，其电化学反应方程式可简化为

$$\underset{\text{正极板}}{PbO_2} + \underset{\text{负极板}}{Pb} + \underset{\text{电解液}}{2H_2SO_4} \underset{\text{充电}}{\overset{\text{放电}}{\rightleftharpoons}} \underset{\text{正极板}}{PbSO_4} + \underset{\text{负极板}}{PbSO_4} + \underset{\text{电解液}}{2H_2O}$$

蓄电池的工作原理如图 1-4 所示。当接通外电路负载，蓄电池放电时，正极板上的 PbO_2 和负极板的 Pb 都变成了 $PbSO_4$，电解液中的硫酸减少，水增多，电解液密度下降。

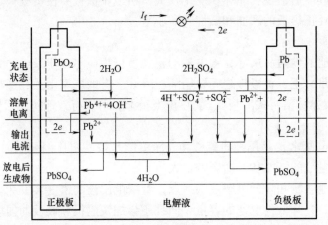

a)

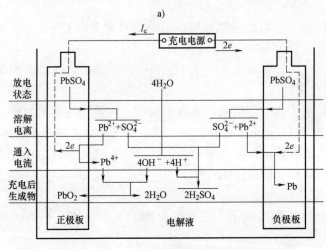

b)

图 1-4 蓄电池的工作原理
a）放电过程 b）充电过程

蓄电池处于过充电时，会引起水的电解，其反应式为

$$2H_2O \xrightarrow{\text{电解}} O_2\uparrow + 2H_2\uparrow$$

五、免维护蓄电池

1. 免维护蓄电池的优点

密封免维护蓄电池采用 20 世纪 90 年代设计的全密封结构及现代化生产工艺，使其具有

高性能、长寿命、无污染、免维护、安全可靠的卓越性能。免维护蓄电池由于自身结构上的优势，电解液的消耗量非常小，在使用寿命内基本不需要补充蒸馏水。它还具有耐振、耐高温、体积小、自放电小的特点，使用寿命一般为普通蓄电池的两倍。市场上的免维护蓄电池也有两种：第一种在购买时一次性加电解液，以后使用中不需要维护（添加补充液）；另一种是电池本身出厂时就已经加好电解液并封死，用户根本就不能加补充液。

2. 免维护蓄电池的结构

传统蓄电池中极板的栅架用铅锑合金制造，免维护蓄电池用铅钙合金制造，这是两者结构上的根本区别。不同的材料就会产生不同的现象：传统蓄电池在使用过程中会发生减液现象，这是因为栅架上的锑会污染负极板上的海绵状纯铅，减弱了完全充电后蓄电池内的反电动势，造成水的过度分解，大量氧气和氢气分别从正、负极板上逸出，使电解液减少。用钙代替锑，就可以改变完全充电后蓄电池的反电动势，减少过充电流，液体汽化速度降低，从而降低了电解液的损失。

3. 免维护蓄电池的特点

由于免维护蓄电池采用铅钙合金栅架，充电时产生的水分解量少，水分蒸发量低，加上外壳采用密封结构，释放出来的硫酸气体也很少，所以它与传统蓄电池相比，具有不需添加任何液体、对接线柱和电线腐蚀少、抗过充电能力强、起动电流大、电量储存时间长等优点。

免维护蓄电池因其在正常充电电压下电解液仅产生少量的气体，极板有很强的抗过充电能力，因而在整个使用期间不需添加蒸馏水，而且具有内阻小、低温起动性能好、比常规蓄电池使用寿命长等特点，在充电系统正常的情况下，不需从车上拆下进行补充充电。但在维护时应对其电解液的密度进行检查。

大多数免维护蓄电池在盖上设有一个孔形液体（温度补偿型）密度计，它会根据电解液密度的变化而改变颜色。可以指示蓄电池的存放电状态和电解液液位的高度。当密度计的指示眼呈绿色时，表明充电已足，蓄电池正常；当指示眼绿点很少或为黑色，表明蓄电池需要充电；当指示眼显示淡黄色，表明蓄电池内部有故障，需要修理或进行更换。

有条件时，对免维护蓄电池可用具有电流-电压特性的充电设备进行充电，该设备既可保证充足电量，又可避免过充电而消耗较多的水。

一般这类免维护电池从出厂到使用可以存放 10 个月，其电压与电容量保持不变，质量差的在出厂后的 3 个月左右电压和电容量就会下降。在购买时选离生产日期有 3 个月的，当场就可以检查电池的电压和电容量是否达到说明书上的要求，若电压和电容量都有下降的情况则说明它里面的材质不好，电池的质量肯定也不行，有可能是加水电池经过经销商充电后伪装而成的。

4. 免维护蓄电池的使用与维护

免维护蓄电池也可以进行补充充电，充电方式与普通蓄电池的充电方法基本一样。充电时每单格电池电压应限制在 2.3～2.4V。注意使用常规充电方法充电会消耗较多的水，充电时充电电流应稍小些（5A 以下）。不能进行快速充电，否则，蓄电池可能会发生爆炸，导致伤人。当免维护蓄电池的密度计显示为淡黄色或红色时，说明该蓄电池已接近报废，即使再充电，使用寿命也不长，此时的充电只能作为救急的权宜之计。

蓄电池的正确使用和维护主要有以下 7 点：

1）检查蓄电池在支架上的固定螺栓是否拧紧，安装不牢靠会在行车振动时引起壳体损坏。另外，不要将金属物放在蓄电池上，以防短路。

2）时常查看接线柱和接线头连接得是否可靠。为防止接线柱氧化，可以涂抹凡士林等保护剂。

3）不可用直接打火（短路试验）的方法检查蓄电池的电容量，这样会对蓄电池造成损害。

4）普通蓄电池要注意定期添加蒸馏水。干荷蓄电池在使用之前最好适当充电。可加水的免维护蓄电池并不是不能维护，必要时补充蒸馏水有助于延长使用寿命。

5）蓄电池盖上的气孔应通畅。蓄电池在充电时会产生大量气泡，通气孔被堵塞使气体不能逸出时内压增大，当压力增大到一定的程度后就会造成蓄电池壳体炸裂。

6）在蓄电池极柱和盖的周围常会有黄白色的糊状物，这是因为硫酸腐蚀了极柱、固定架等造成的。这些物质的电阻很大，要及时清除。

7）当需要用两块蓄电池串联使用时，蓄电池的容量应该相等。否则会影响蓄电池的使用寿命。

六、蓄电池的容量及其影响因素

蓄电池额定容量的概念：蓄电池在规定条件（放电率、温度、终止电压等）下放出的电量多少或放电时间长短称为蓄电池的额定容量，通常以安培·小时为单位，以 A·h 表示。

1. 容量的计算

1）A·h（安培小时）计算、一般是以 20h 为标准。例如 7A·h 电池是指电池连续放电电流为 0.35A 时，时间可连续 20h。

2）W/CELL（单位极板消耗功率）计算：一般是以 15min 为标准。例如 1221W 电池表示端电压为 12V（6CELL）的电池，每一极板供电 21W 可持续 15min。

充电时间以 10h 为标准时，充电电流值应为电池容量的 1/10，快速充电会减少电池寿命。

若电池的额定容量是 1300mA·h，如果以 130mA（0.1C）的电流给电池放电，那么该电池可以持续工作 10h（1300mA·h/130mA = 10h）；如果放电电流为 1300mA，那供电时间就只有 1h 左右（实际工作时间因电池实际容量的个别差异而有一些差别）。这是理想状态下的分析，数码设备实际工作时的电流不可能始终恒定在某一数值（以数码相机为例，工作电流会因为 LCD 显示屏、闪光灯等部件的开启或关闭而发生较大的变化），因而电池能对某个设备的供电时间只能是个大约值，而这个值也只有通过实际操作经验来估计。

2. 容量的影响因素

（1）极板的构造　极板越薄、活性物质的多孔性越好，则电解液的渗透越容易、活性物质的利用率越高。在外壳不变的前提下，采用薄型极板可以增加极板片数，从而增大蓄电池容量；极板面积越大，同时参加化学反应的活性物质就越多，输出容量也就越大；缩短同性极板的中心距，可减小蓄电池内阻，因此在保证具有足够电解液的前提下，应尽可能地缩短中心距，增大蓄电池容量。

（2）放电电流　放电电流增大，会导致化学反应速度加剧，极板的孔隙过早被迅速生成的硫酸铅所堵塞而缩小，使电解液向孔内渗入困难，极板内部大量的活性物质不能参加化学反应，使蓄电池输出容量迅速下降。

（3）电解液温度　温度降低时，电解液黏度增加，流动性变差，电解液向极板孔隙内渗入困难，极板孔隙内的活性物不能充分利用，使蓄电池的输出容量下降。一般情况下，温度每降低1℃，缓慢放电时容量约减小1%，大电流放电则约减小2%。

（4）电解液密度　在一定范围内，适当加大电解液密度，可以提高蓄电池的电动势及电解液活性物质向极板内的渗透能力，并减小电解液的电阻，使蓄电池容量增加。但密度过大，将使其黏度增加，当密度超过某一值时，会使渗透能力降低、内阻增大、端电压及容量减小。另外，电解液密度过高，蓄电池自行放电速度将加快，会加剧对极板栅架和隔板的腐蚀作用，缩短蓄电池使用寿命。一般情况下，电解液密度偏低有利于提高放电电流和容量，同时也有利于延长蓄电池的使用寿命。

3. 蓄电池容量降低的原因

蓄电池的容量直接关系到汽车能否正常起动、运转。如果维护不好，即使新装的蓄电池也会出现容量迅速下降，使用寿命缩短的情况。造成容量下降的原因主要有以下几个方面：

（1）极板硫化　极板硫化即极板表面逐渐生成的白色粗大晶粒硫酸铅。这种晶粒较硬，很难溶于电解液，充电时也不易与电解液发生还原反应，从而减少了活性物质。此外，粗晶粒硫酸铅堵塞极板孔隙，使电解液渗入困难，并增加了内阻，使极板中参加反应的活性物质减少，造成蓄电池容量降低。引起极板硫化的原因有：

1）蓄电池长期处于完全放电或半放电状态，由于气温变化，如温度升高时，极板上一部分硫酸铅溶入电解液；当温度降低时，溶于电解液的硫酸铅会重新析出，产生再结晶，形成粗大的晶粒沉附在极板上。

2）蓄电池液面降低，使极板上缘外露与空气接触氧化，氧化部分在汽车行驶颠簸中与电解液接触也会产生粗晶粒硫酸铅，使极板上部硫化。

3）电解液的密度过大，放电电流过大且气温过高，会使化学反应加剧，产生的硫酸铅很快沉积在极板上，也会促使硫化。

为防止极板硫化，应经常保持蓄电池在充足电的状态，电解液应淹没极板上缘，并且根据地区和季节的不同正确地选择电解液密度。

（2）自行放电　充足电的蓄电池放置不用时，逐渐失去电量的现象，称为自行放电。自行放电是不可避免的，在正常情况下，每天放电率不应超过0.35%～0.5%。自行放电的主要原因有：

1）极板或电解液中含有杂质，杂质与极板间或不同杂质间产生了电位差，变成一个局部电池，通过电解液构成回路，产生局部电流，使蓄电池放电。

2）隔板破裂，导致正负极板短路。

3）蓄电池壳表面上有电解液或水，在极柱间成为导体，导致蓄电池放电。

4）活性物质脱落过多，并沉积在电池底部，使极板短路造成放电。

为减少自行放电，除蓄电池制造材料应当尽量纯净外，在使用中必须经常保持蓄电池壳表面和接线柱头清洁，加注的电解液必须为化学纯净硫酸和蒸馏水。

（3）极板活性物质脱落　蓄电池在正常使用和充放电过程中，极板活性物质的体积不断地膨胀和收缩，会引起活性物质缓慢脱落，如果使用不当，活性物质会迅速大量脱落而造成极板短路。造成极板活性物质脱落的主要原因是充电时电流过大、温度过高或经常过充电等。放电时,电流过大(例如接入起动电动机时间过长),极板拱曲(因极板活性物质参加化学反应程度不一致,造成极板各处体积变化不一致),也会引起活性物质脱落。

(4) 壳体裂纹或封口胶破裂　裂纹将使电解液漏出,液面降低。如果内部间壁有细微裂纹,两单池相通,将使电压降低。造成裂纹的主要原因有:电池座螺钉旋得过紧;敲打过猛;通气孔堵塞,气体不能放出,使单格电池压力过大;冬季冻裂;行车中振动过大等。

七、蓄电池的工作特性

1. 静止电动势

蓄电池处于静止状态(不充电也不放电)时,正、负极板间的电位差(即开路电压)称为静止电动势。

2. 端电压

端电压包括开路电压、放电电压和充电电压,其处于何种电压状态取决于蓄电池的工作状况。

(1) 开路电压　在发电机未正常工作时测量的蓄电池端电压为开路电压,一般为12V。

理论上,开路状态下的端电压并不等于蓄电池的电动势。但是,开路电压在数值上很接近蓄电池的静止电动势,可以用开路电压代替静止电动势。一般规定单体蓄电池的额定开路电压为2.0V。开路电压(静止电动势)有两种计算方式,分别如下:

1) 当温度为25℃时,计算方式为

$$E_s = 0.84 + \rho_{25℃}$$

式中　E_s——静止电动势(V);

0.84——温度换算系数;

$\rho_{25℃}$——25℃时的电解液密度(g/cm³)。

汽车用蓄电池的电解液密度一般在1.12~1.30g/cm³,因此E_s = 1.97~2.15。

2) 当温度不为25℃时,密度修正为

$$\rho_{25℃} = \rho + \beta(t - 25)$$

式中　ρ——实测密度(g/cm³);

β——密度的温度换算系数,数值为0.00075g/cm³,含义为:电解液温升1℃,密度下降0.00075g/cm³;

t——实测温度(℃)。

(2) 充电电压　在发电机正常工作时测量的蓄电池端电压为充电电压,一般为14V。

(3) 放电电压　起动发动机时测量的蓄电池端电压为放电电压,为8~11V。实际测量时采用高率放电计模拟起动状态。

3. 内阻

电流流过蓄电池时所受到的阻碍作用的大小称为蓄电池的内阻。蓄电池的内阻包括极板、隔板、电解液和联条的电阻。在正常状态下,蓄电池的内阻很小,所以能够供给几百安培甚至上千安培的起动电流。

电解液的电阻与其密度和温度有关。如6-Q-75型蓄电池在温度为40℃时的内阻为0.01Ω,而在-20℃时内阻为0.019Ω,可见,内阻随温度降低而增大。

电解液电阻与密度的关系如图 1-5 所示。由图可见，电解液密度为 1.20g/cm³（15℃）时其电阻最小。同时，在该密度下，电解液的黏度也比较小。密度过高或过低时，电解液的电阻都会增大。因此，适当采用低密度电解液和提高电解液温度（如冬季对电池采取保温措施），对降低蓄电池内阻、提高起动性能十分有利。

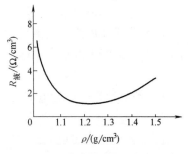

图 1-5 电解液电阻与密度的关系

影响蓄电池内阻的因素有：

1）放电程度：放电程度越高，$PbSO_4$ 越多，极板电阻越大。

2）隔板电阻与材料：木质隔板多孔性差，其电阻比橡胶和塑料隔板电阻大。

3）联条电阻与联条形式：传统的外露式联条比内部穿壁式、跨越式联条电阻大。

4）电解液密度：电解液密度为 1.2g/cm³ 时电阻最小，过低（H^+ 和 SO_4^{2-} 少）或过高（黏度大）内阻均增加。

5）电解液温度：温度低，黏度大，电解液电阻大。

4. 放电特性

蓄电池的放电特性是指在恒流放电过程中，蓄电池的端电压和电解液密度随放电时间而变化的规律。

（1）单格电池电压变化规律

1）开始放电阶段：端电压由 2.14V 迅速下降至 2.1V。极板孔隙内硫酸迅速消耗，电解液密度和端电压迅速下降。

2）相对稳定阶段：端电压由 2.1V 缓慢下降至 1.85V。极板孔隙外向孔隙内扩散的硫酸与孔隙内消耗的硫酸达到动态平衡，孔内外电解液密度一起缓慢下降，所以端电压缓慢下降。

3）迅速下降阶段：端电压由 1.85V 迅速下降至 1.75V，电解液密度达最小值 $\rho_{15℃}$ = 1.10g/cm³。放电接近终了时，端电压迅速下降。

（2）放电终了的特征

1）单格电池电压下降到放电终止电压，允许的放电终止电压与放电电流大小有关，放电电流越大，则放电时间越短，允许的放电终止电压越低。（以 20h 放电率放电时终止电压为 1.75V）。

2）电解液密度下降到最小允许值 1.10cm³。

5. 充电特性

蓄电池的充电特性是指在恒流充电过程中，蓄电池的端电压和电解液密度随充电时间而变化的规律。

注意：充电电源必须采用直流电源，以一定的电流向一个完全放电的蓄电池进行充电。

（1）单格电池电压变化规律

1）充电开始阶段：端电压迅速上升到 2.1V。开始充电时，孔隙内迅速生成硫酸，端电压迅速上升。

2）稳定上升阶段：端电压缓慢上升至 2.4V 左右，并开始产生气泡。孔隙内生成的硫酸向孔隙外扩散，当硫酸生成的速度与扩散速度达到平衡时，端电压随整个容器内电解液密度增大而缓慢上升。

3）充电末期：电压迅速上升到2.7V左右，且稳定不变，电解液呈沸腾状态。

活性物质还原反应结束后的充电称为过充电。过充电电流主要用于电解水，应避免长时间过充电。切断电源后，单格电池电压迅速降至2.11V。

(2) 充电终了的特征

1）蓄电池端电压和电解液密度上升到最大值，且在2~3h内不再上升。

2）蓄电池电解液中产生大量气泡，呈现"沸腾"状态。

(3) 蓄电池充足电的标志

1）端电压上升到最大值2.7V，并在2~3h内不再增加。

2）电解液相对密度上升到最大值$1.27g/cm^3$并在2~3h内不再增加。

3）蓄电池内产生大量气泡，停止充电1h后再接通充电电源时，蓄电池电解液会立刻沸腾。

八、蓄电池的正确使用与维护

1. 蓄电池的选用

更换电池时，一般选择与原车电池容量相同的电池。当车上另外增加额外的电器设施或车辆用电器较多时，选用较大容量的电池是比较合理的。如需用较大外形尺寸的电池，应检查压紧装置有无足够的空间，能否压紧；检查垂直高度，以免发动机舱盖盖下时过于靠近电池。

2. 蓄电池的更换顺序

1）依次拆卸蓄电池负极接线、正极接线。

2）拆卸蓄电池压紧夹持器螺栓，然后拆卸蓄电池夹持器及蓄电池，在拆卸蓄电池时，蓄电池的倾斜角度不能超过40°。

3）安装蓄电池时，将蓄电池安装到蓄电池托架上，安装蓄电池压紧夹持器，紧固夹持器螺栓。

4）将汽车的正负极接线分别连接到蓄电池正负接线柱上，紧固正负极接线柱螺栓。最后，给正负极接线柱上涂上凡士林油或润滑脂，以保护正负极接线柱。

3. 车辆长时间停驶时蓄电池的储存

若车辆存放超过30天，为保持蓄电池正常的充电技术状态，应做到：

1）确保电解液密度为$(1.28±0.01)g/cm^3$（25℃）。

2）断开蓄电池负极搭铁线，以防止由于附加电流泄放引起蓄电池放电。

3）当发现蓄电池电解液密度小于$1.25g/cm^3$（25℃）时，应进行蓄电池检查，充电或更换蓄电池。

4. 日常维护

1）经常保持蓄电池表面的清洁，发现表面有灰尘和酸液时，应及时擦拭，擦拭时可先用沾有苏打水的擦布擦拭一遍，后用蒸馏水冲洗干净。

2）经常用蒸馏水清洗排气栓，使其通气良好。

3）按照规定进行蓄电池的充电、放电和补充电工作。

4）充电过程中，电解液的温度不得超过45℃，严防过量充电。

5）放电过程中，严禁大电流放电和过量放电。

6）充放电过程中，应开动通风装置排除酸雾，使室内空气较为清新，以减少酸性物质对人员和设备的侵蚀。

7）发现故障应及时排除。

8）蓄电池充电期间应经常保持清洁、干燥、空气流通，光线充足。应用湿拖把擦净地面，在清洁、绝缘较好的情况下，可以在地面洒水，保持室内的湿度，以减少电池中水分的蒸发。

5. 定期维护

1）每月应认真地用蒸馏水擦拭一次表面，直至表面（含外壳）不呈酸性为止。

2）每半月应认真地检查联条、接线柱及输出导线的接触情况和牢固程度，彻底清除金属部位（如接线柱）的氧化物和锈蚀，更换金属部位的凡士林油。

3）及时进行电解液密度的检查和调整。

4）对蓄电池测量用的仪表（如密度计、温度计、电压表、电流表、车上的显示仪表）进行检查和校验，以免由于仪表不准确，导致蓄电池维护工作的质量受到影响。

5）根据气候季节的变化，按说明书的要求，调整电解液密度（也称为换季）。

6）及时检查和排除蓄电池的故障。

7）电池在使用过程中应检查充电器的电压（汽油车为 13.8~14.40V、柴油车为 27.6~28.80V），防止过充电或充电不足。

6. 加强蓄电池的补充电维护

汽车起动用蓄电池在日常使用中，发电机会给电池充电，保证电池电量充足，但是有时由于蓄电池大量放电、充电系统存在缺陷或长期存放会导致电池亏电，因此应定期从车上拆下蓄电池，在充电间对蓄电池进行补充电。补充电一般一个月左右进行一次，以提高其使用可靠性，延长使用寿命。进入冬天时最好进行一次补充电。

充电方法

1）恒流充电：是指充电电流维持在恒定值的充电（如 60A·h 容量蓄电池用 6A 电流充电 10h 即可充足），直到充足电为止。

2）恒压充电：是指蓄电池两极间的电压维持在恒定值的充电，单体电池电压通常设定在 2.3~2.4V（12V 电池为 13.6~14.4V），直到充足电为止。

充足电后，最后对电池进行一次均衡充电，以保证单格电池均衡。方法为：将充足电的电池，用 0.035C 电流充电；当电池冒出均匀气泡，温度上升时，停止充电 1h；如此重复 3~4 次，单格电池都能冒出均匀气泡，并且电池电压和电液密度趋于不变时结束。

九、蓄电池的常规检查项目

1）外观检查：检查外壳有无变形、破损、渗漏、污染。

2）电压检查：先测总电压，再测单格电池电压，并逐一检查连接是否完好。若连接松动，则焊接好。若发现蓄电池电压不正常，再检查单格电压是否正常。

3）电池安全阀的检查：先打开盖板，查看安全阀的周围是否有酸液等异常现象，用工具打开安全阀，检查是否有粘连、松动或损坏等现象。

4）电池内部检查：目测电池内部电解液的干湿程度，用木条探试观察湿润感；检查单格电池电压进而判定短路或断路故障。测单格电压的方法是用万用表的探针接触电池内部汇流排进行测量。

5）电池气密性检查：用血压计改装的气压试验装置对电池充气，压力在 30~40kPa 时，观察压力表是否稳定；也可将电池置于水中检查。

6）容量检查（按 GB/T 22199—2008 标准）：将完全充电的电池按 2h 率（2h 放电完毕）、放电终止电压 10.50V 放电，放电时应控制表面温度为（25±2）℃。判断容量是否达到要求，若容量达不到要求，应判为故障电池。

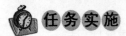

一、实施环境

1）汽车实训基地。
2）汽车整车 1 台，蓄电池 4~6 个。
3）万用表、密度计。

二、实施步骤

蓄电池常见故障及处理方法。

1. 电池漏液

（1）常见的漏液现象　一是上盖与底槽之间密封不好或因碰撞导致封口胶开裂造成；二是安全阀渗酸漏液；三是接线柱处渗酸漏液；四是其他部位出现渗酸漏液。

（2）检查与处理方法　先做外观检查，找出渗酸漏液部位。然后打开盖板查看安全阀周围有无渗酸漏液痕迹，再打开安全阀检查电池内部有无流动的电解液。完成上述工作之后，若未发现异常，应做气密性检查（将蓄电池放入水中充气加压，观察电池有无气泡产生并冒出，有气泡则说明有渗酸漏液）。最后在充电过程中，观察有无流动的电解液产生，若有则说明是生产原因。充电过程中，有流动的电解液应将其抽尽。

2. 短路

（1）故障现象　电池电压下降 2 的整数倍。

（2）故障的检查和处理　用万用表检测单格电池电压。短路电池应报废。

3. 断路

（1）故障现象　充不进电，放不出电。

（2）故障的检查和处理　用万用表检测电池电压，若为 0，经打火无火花，充不进电，即为断路。断路电池应报废。

4. 反极

（1）故障现象　用万用表检测电池电压出现负值。

（2）故障的检查和处理　先将电池放电至 0V，再用维护充电器将电池充满电。

5. 不可逆硫酸盐化

（1）故障现象　极板硫酸盐化是蓄电池常见的故障，许多蓄电池失效也是这一原因。极板硫酸盐化主要表现为：充电时电压很快上升，过早析出气体，温度上升快；放电时电压下降快，容量小。

(2) 故障的检查和处理 产生极板不可逆硫酸盐化原因归结如下：
1) 存放时间过长，自放电率高，未对其进行维护充电。
2) 放电后未对其进行及时充电。
3) 长时间处于欠充电状态。
4) 过放电。
5) 干涸或加入的电解液密度过大。

蓄电池产生不可逆硫酸盐化时，应根据其程度的轻重进行修复。

盐化较轻者，对其进行一般的活化充电（即均衡充电），就可以恢复正常。具体方法为恒压限流充电法：以不大于0.18C的电流恒压充电到2.7V/单格，充电12~24h。

恒流充电法：第一阶段，以0.18C的电流充电到2.4V/单格；第二阶段，以0.05C的电流充电5~12h。

盐化较重者，需要对其进行"水疗法"充放电，才能恢复正常。具体方法为先对蓄电池加入纯水或密度为1.05g/cm³的稀硫酸到富液状态，再以0.05~0.018C的电流充电20h左右，抽尽流动液，再做容量试验。反复上述操作，直到电池容量恢复。

6. 单个落后

(1) 故障现象 串联蓄电池组的均衡性是一个世界性的难题，蓄电池使用过程中总会有"落后"单体蓄电池存在。其原因是多种多样的，有生产原因，也有原材料和使用的原因等。

(2) 故障的检查和处理 首先将电池进行一般性的维护充电，然后用2h率电流放电。放电过程中不断地测量电池的电压，将放电容量不足的"落后"电池选出来给予处理。先补加1.050g/cm³的稀硫酸至刚好看到有流动电解液出现，再继续充电12~15h。充电时注意电池的温度不要超过50℃。充电结束后，静置0.5~4h，重做2h率放电。放电过程中，测量单格电压的数值，若放电时间达不到标准或者单格电池电压到了1.6V时，放电时间与正常单格电池相差较大者（出厂3个月相差5min以上，6个月相差8min以上，9个月相差10min以上，13个月相差15min以上），则还需重复上述充放电操作，直到符合要求为止。

若是重复充放循环后，电池容量无明显上升或仍为0V左右低压，这种电池一般有短路存在，或活性物质严重脱落软化、严重不可逆硫酸盐化等，无法修复，应报废处理。对符合要求可以继续使用的电池，应在恒压15V的充电条件下，抽尽流动的电解液，擦干净电池表面，安上帽阀，用PVC（或氯仿）粘结剂将面板粘结好。

7. 活性物质脱落

(1) 故障现象 电池的电解液浑浊并带有红褐色。
(2) 故障的检查和处理 检测电池容量是否正常，容量不足予以报废。

8. 新电池电压降得快

(1) 故障现象 新电池装车起动时电压降得快。
(2) 故障的检查和处理
1) 检查仪表显示的电压与电池容量是否相符，仪表显示的电压与电池容量关系不符合时，应要求厂家调整。
2) 检查蓄电池连接线有无短路和连接不可靠等问题，有则排除。
3) 检查电动车起动和运行电流是否过大，若是过大（起动电流在15A以上，运行时的电流在 6A 以上），应调整控制器限流值或对电动机进行检查修理。

4）检查蓄电池容量是否偏低，若是偏低，应对电池进行充放电。

9. 电池充不进电

（1）故障现象　电池充不进电。

（2）故障的检查和处理

1）检查充电回路的连接是否可靠；检查连线与插头接触是否良好；认真检查插座和插头是否有"打火"烧弧现象、有无电路损伤断线等。

2）检查充电器有无损坏，充电参数是否符合要求。充电器不正常的应更换。

3）查看电池内部是否有干涸现象，即电池是否缺液严重。干涸的电池应补加纯水或密度为 1.050g/cm^3 的硫酸进行维护充电、放电恢复电池容量。干涸的电池加液后的维护充电，应控制最大电流为 1.8A，充电 10~15h。

4）检查极板是否存在不可逆硫酸盐化。极板的不可逆硫酸盐化，可通过充放电测量其端电压的变化来判定。在充电时，电池的电压上升特别快，某些单格电池电压特别高，超出正常值很多；放电时电压下降特别快，电池不存电或存电很少。出现上述情况时，可判断电池已出现不可逆硫酸盐化。如果发现有不可逆硫酸盐化，应进行均衡充电恢复容量或更换整组电池。

10. 充电器一充就烧

此种故障的检查，首先应检查蓄电池连接是否正确，是否存在反极；另外察看蓄电池充电插座极性是否接反，充电器极性是否接反，造成过放电后转极。再检查电池充电座或连线有无短路现象，反极或短路必须排除。若电池已充电反极，应先将其放完电，再维护充电器连续充电 15~18h，使电压恢复正常后做放电检查，反复进行 2~3 次，容量恢复正常后即可投入使用，容量不足的进行报废处理。

任 务 工 单

任务 1-2　蓄电池的检修

班　级		姓　名		学　号	
地　点				等　级	

任务目的	

任务过程	1. 蓄电池的检测 （1）用万用表检测蓄电池极柱电压降 学生自己动手用万用表测出蓄电池电缆与极柱之间的电压，并将数值填入下表： 	正极柱与电缆之间电压	
负极柱与电缆之间电压	| （2）用万用表检测蓄电池自放电 学生自己动手用万用表测出蓄电池负极柱与壳体顶部之间的电压，电压值为_____。 （3）用万用表检测蓄电池开路电压 学生自己动手用万用表测出蓄电池两极柱之间的电压，并将数值填入下表： |	电压数值	充满电	欠充电
---	---	---	---
电池 1			
电池 2			
电池 3			
电池 4				

(续)

<table>
<tr><td colspan="4">(4) 使用高率放电计测量蓄电池的容量
学生自己动手用放电计测出蓄电池两极柱之间的电压，并将数值填入下表：</td></tr>
<tr><td></td><td>电压数值</td><td>充满电</td><td>欠充电</td></tr>
<tr><td>电池 1</td><td></td><td></td><td></td></tr>
<tr><td>电池 2</td><td></td><td></td><td></td></tr>
<tr><td>电池 3</td><td></td><td></td><td></td></tr>
<tr><td>电池 4</td><td></td><td></td><td></td></tr>
</table>

(5) 电解液密度的检测

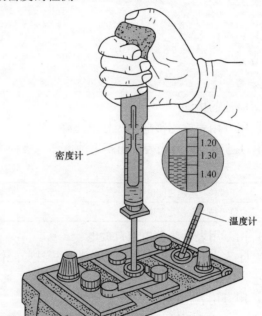

<table>
<tr><td></td><td>密度数值</td></tr>
<tr><td>单格 1</td><td></td></tr>
<tr><td>单格 2</td><td></td></tr>
<tr><td>单格 3</td><td></td></tr>
<tr><td>单格 4</td><td></td></tr>
<tr><td>单格 5</td><td></td></tr>
<tr><td>单格 6</td><td></td></tr>
</table>

通过以上步骤的检测判断蓄电池的状态是：

<table>
<tr><td></td><td>充满电</td><td>欠充电</td><td>报废</td></tr>
<tr><td>电池 1</td><td></td><td></td><td></td></tr>
<tr><td>电池 2</td><td></td><td></td><td></td></tr>
<tr><td>电池 3</td><td></td><td></td><td></td></tr>
</table>

2. 写出汽车蓄电池容量的定义及分类

任务过程

（续）

	考评项目		分 值	教师考核	备 注
考核评价	素质考评	团队协作	10 分		
		语言表达	10 分		
		实训纪律	10 分		
	过程考评	工具使用	10 分		
		任务实施	30 分		
		完成情况	20 分		
		工位整理	10 分		
	合 计				

任务1-3　发电机的检修

发电机是汽车两个电源中的主要电源，同时也是电源系统的重要组成部分之一。发电机的好坏直接决定汽车电源系统是否能正常工作。为此，作为一名合格的汽车维修技师，要能掌握正确判断汽车发电机的好坏、发电机的拆装、发电机的检测的方法。发电机常见故障主要是"短路"、"断路"等。要解决这些故障，首先要明确汽车发电机各部分的作用、位置及工作原理，然后才能在分析检测的基础上，快速地排除各种故障，确保发电机的正常工作，满足用户需求。

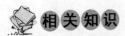

本单元讲述了汽车发电机各部件的组成、结构及检修方法，要求学生能独立完成汽车发电机的维护及检修，掌握发电机的拆装及检测方法。

相关知识

一、发电机的分类

汽车用发电机可分为直流发电机和交流发电机，由于交流发电机在许多方面优于直流发电机，直流发电机已被淘汰，目前所有汽车用发电机均采用交流发电机，交流发电机按照不同的分类方法分为以下几类：

（1）按总体结构分为五类　普通交流发电机；整体式交流发电机；带泵交流发电机；无刷交流发电机；永磁交流发电机。

（2）按整流器结构分为四类　六管交流发电机，八管交流发电机，九管交流发电机，十一管交流发电机。

二、交流发电机的构造

交流发电机一般由转子、定子、整流器、端盖、电刷组件、风扇及带轮六部分组成。如图1-6所示。

1. 转子

转子的功用是产生旋转磁场。转子由爪极、磁轭、励磁绕组（又称磁场绕组）、集电环、转子轴组成。转子轴上压装着两块爪极，两块爪极各有六个鸟嘴形磁极，爪极空腔内装有励磁绕组和磁轭（图1-7所示）。集电环由两个彼此绝缘的铜环组成，集电环压装在转子轴上并与轴绝缘，两个集电环分别与励磁绕组的两端相连。

当两集电环通过电刷通入直流电时，励磁绕组中就有电流通过，并产生轴向磁通，使爪极一块被磁化为N极，另一块被磁化为S极，从而形成六对相互交错的磁极。当转子转动时，就形成了旋转的磁场。交流发电机的磁路为：磁轭→N极→转子与定子间的气隙→定子→定子与转子间的气隙→S极→磁轭。

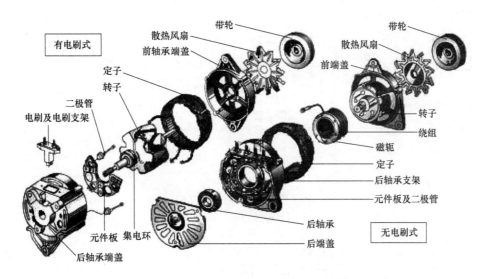

图 1-6 交流发电机组成

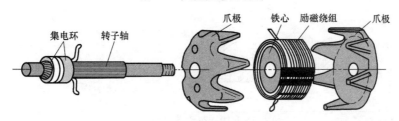

图 1-7 转子结构

2. 定子

定子的功用是产生三相交流电。定子由定子铁心和定子绕组组成。定子铁心由内圈带槽的硅钢片叠成，定子绕组的导线就嵌放在铁心的槽中（图 1-8）。定子绕组有三相，三相绕组采用星形接法或三角形（大功率）接法（图 1-9），都能产生三相交流电。三相绕组必须按一定要求绕制，才能使之获得频率相同、幅值相等、相位互差 120°的三相电动势。

3. 整流器

交流发电机整流器的作用是将定子绕组的三相交流电变为直流电，六管交流发电机的整流器是由 6 只整流二极管组成的三相全波桥式整流电路，6 只整流管分别压装（或焊装）在两块板上（图 1-10）。

图 1-8 发电机定子

汽车用整流二极管有如下特点：

1）工作电流大，正向平均电流 50A，浪涌电流 600A。

2）反向电压高，反向重复峰值电压 270V，反向不重复峰值电压 300V。

3）只有一根引线。并且有的二极管引线是正极，有的二极管引线是负极，引线为正极的管子称为正极管，引线为负极的管子称为负极管，所以说整流二极管有正二极管和负二极管之分。

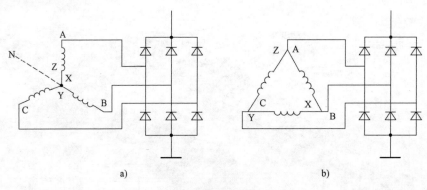

图1-9 定子绕组连接方法
a) 星形接法 b) 三角形接法

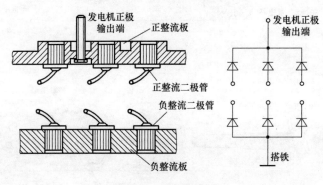

图1-10 整流器结构

4. 端盖

端盖一般分两部分（前端盖和后端盖），起固定转子、定子、整流器和电刷组件的作用。端盖一般用铝合金铸造，其特点一是可有效地防止漏磁，二是铝合金散热性能好。后端盖上装有电刷组件，由电刷、电刷架和电刷弹簧组成。电刷的作用是将电源通过集电环引入励磁绕组。

根据励磁绕组（两只电刷）和发电机的连接方式不同，可将发电机分为内搭铁型和外搭铁型两种。

1) 内搭铁型发电机：励磁绕组负电刷直接搭铁的发电机（和壳体直接相连）。

2) 外搭铁型发电机：励磁绕组的两只电刷都和壳体绝缘的发电机。外搭铁型发电机的励磁绕组负极（负电刷）接调节器后再搭铁。

5. 电刷组件

1) 作用：把静止电源提供给旋转部件，将电源通过集电环引入励磁绕组。

2) 组成：电刷、电刷架和电刷弹簧。

电刷组件装在后端盖内，通过弹簧力作用与转子轴上的集电环保持接触（图1-11）。

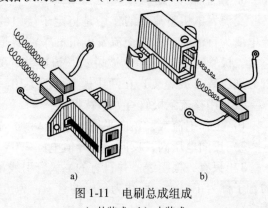

图1-11 电刷总成组成
a) 外装式 b) 内装式

6. 风扇及带轮

发电机风扇的作用是散热，带轮连接发动机，当发动机运转时，风扇在传动带及带轮的带动下开始转动。

三、多管交流发电机

1. 八管交流发电机

八管交流发电机（如夏利车用）和六管交流发电机的基本结构是相同的，所不同的是八管交流发电机整流器有 8 只整流二极管，其中 6 只组成三相全波桥式整流电路，还有 2 只是中性点二极管，其中 1 只正极管接在中性点和正极之间，1 只负极管接在中性点和负极之间，对中性点电压进行全波整流。

2. 九管交流发电机

九管交流发电机（日系车应用较多）的基本结构和六管交流发电机相同，所不同的是九管交流发电机的整流器是由 6 只大功率整流二极管和 3 只小功率励磁二极管组成的交流发电机。其中 6 只大功率整流二极管组成三相全波桥式整流电路，对外负载供电。3 只小功率二极管与 3 只大功率负极管也组成三相全波桥式整流电路，专门为发电机磁场供电，所以称 3 只小功率二极管为励磁二极管。

3. 十一管交流发电机

十一管交流发电机的整流器由 8 只大功率整流二极管（其中 2 只中性点二极管）和 3 只励磁二极管组成。其他结构和六管交流发电机相同。

四、无刷交流发电机

无刷交流发电机由于没有电刷和集电环，所以不会因为电刷和集电环的磨损和接触不良造成励磁不稳定或发电机不发电等故障；同时工作时无火花，也减小了无线电干扰。

无刷交流发电机分为爪极式、励磁机式和永磁式三种。

以爪极式无刷交流发电机为例进行介绍。

（1）结构及工作原理　爪极式无刷交流发电机励磁绕组是静止的，它通过一个磁轭托架固定在后端盖上，所以不再需要电刷。两个爪极中只有一个爪极直接固定在电动机转子轴上，另一爪极则用非导磁连接环固定在前一爪极上。当转子旋转时，一个爪极带动另一爪极一起在定子内转动，当励磁绕组中有直流电通过时，爪极被磁化，就形成了旋转磁场。

（2）优点

1）结构简单、维护方便、工作可靠。

2）不存在电刷与集电环接触不良导致的发电不稳或不发电故障。

（3）缺点

1）爪极间连接工艺困难。

2）由于磁路中间隙加大，发电机相同输出功率下需加大励磁电流。

五、带泵交流发电机

带泵交流发电机的电机与普通交流发电机完全一样，不同的是转子轴很长并伸出后端盖，利用外花键与真空泵的转子内花键相连接，驱动真空泵与发电机转子同步旋转，给汽车制动系统中的真空筒抽真空，为制动系统的真空增压器提供真空源，主要用于没有真空源的柴油机（汽油机可直接从进气歧管处取得真空。制动时因节气门几乎关闭而在进气歧管中形成高真空，而柴油机无节气门）。

六、汽车双整流发电机

双整流发电机是一种新型的交流发电机，它大大改善了普通交流发电机低速充电性能和高速最大输出功率，又不增设比较复杂的控制电路，因此也没有增加充电系统的故障率。

七、交流发电机的型号

根据中华人民共和国汽车行业标准 QC/T 73—1993《汽车电气设备产品型号编制方法》的规定，汽车交流发电机型号组成如图1-12所示。

图1-12 汽车交流发电机型号组成

1）第一部分为产品代号，由 2~3 个字母表示，例：JF——普通交流发电机，JFZ——整体式交流发电机，JFB——带泵交流发电机，JFW——无刷交流发电机。

2）第二部分为分类代号（交流发电机以电压等级作为分类代号），用一位阿拉伯数字表示，1 表示 12V 系统，2 表示 24V 系统，6 表示 6V 系统。

3）第三部分为分组代号（交流发电机以电流等级作为分组代号），用一位阿拉伯数字表示，数字表示电流等级，1 表示发电机额定电流小于 19A，2 表示 20~29A，3 表示 30~39A，4 表示 40~49A。

4）第四部分为设计序号，按产品的先后顺序，用 1~2 位阿拉伯数字表示。

5）第五部分为变形代号，交流发电机以调整臂的位置作为变形代号，从驱动端看，Y 为右边，Z 为左边，无代号为中间。

八、发电机的工作原理

在发电机内部有一个由发动机带动转子产生的磁场（旋转磁场）。磁场外有一个定子三相绕组，三相绕组彼此相隔120°。当转子旋转时，旋转的磁场使固定的电枢绕组切割磁力线（或者说使电枢绕组中通过的磁通量发生变化）而产生电动势。

1. 定子三相绕组感应电动势的大小

转子旋转时，形成一个旋转磁场，使静止的电枢因切割磁力线而产生感应电动势；由于磁极铁心的特殊设计，使磁极磁场近似于正弦规律分布，从而使三相电枢绕组产生的感应电动势按正弦规律变化：

$$e_A = E_m \sin\omega t = \sqrt{2}E_\phi \sin\omega t$$

$$e_B = E_m \sin(\omega t - 120°) = \sqrt{2}E_\phi \sin(\omega t - 120°)$$

$$e_C = E_m \sin(\omega t - 240°) = \sqrt{2}E_\phi \sin(\omega t - 240°)$$

式中 E_m——每相电动势的最大值；

E_ϕ——每相电动势的有效值；

ω——电角速度。

2. 发电原理

当转子旋转时，定子绕组与磁力线之间产生相对运动，在三相绕组中产生频率相同、幅值相等、相位相差120°电角度的三相正弦交流电动势。

3. 整流原理（图1-13）

交流发电机定子绕组产生的交流电，通过整流二极管组成的整流电路转变为直流电。二极管具有单向导电性，当二极管加上正向电压时，二极管导通，呈现低阻状态；当二极管加上反向电压时，二极管截止，呈现高阻状态。利用二极管的单向导电性，即可把交流电转变成直流电。

二极管的导通原则：当三只二极管负极端相连时，正极端电位最高者导通；当三只二极管正极端相连时，负极端电位最低者导通。

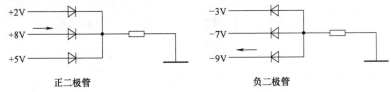

图1-13 整流原理

交流发电机通过六只二极管组成的三相桥式整流电路将定子产生的三相交流电动势转变为直流电流输出，其工作原理如图1-14所示。

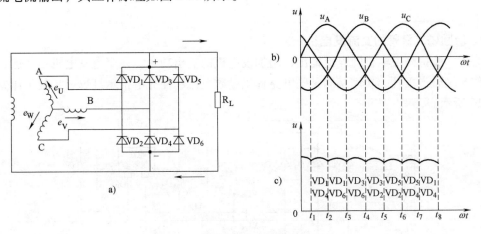

图1-14 三相桥式整流电路整流原理
a）三相桥式整流电路　b）三相交流电动势　c）整流后的交流发电机输出电压波形

1）$t=0$ 时，$u_A=0$，u_B 为负值，u_C 为正值，根据二极管导通原则，二极管 VD_5、VD_4 获得正向电压而导通，形成电流回路：C 相→VD_5→R_L→VD_4→B 相→C 相。

2）$t_1 \sim t_2$ 时间内，u_A 最高，u_B 最低，二极管 VD_1、VD_4 获得正向电压而导通，形成电流回路：A 相→VD_1→R_L→VD_4→B 相→A 相。

3）$t_2 \sim t_3$ 时间内，u_A 最高，u_C 最低，二极管 VD_1、VD_6 获得正向电压而导通，形成电流回路：A 相→VD_1→R_L→VD_6→C 相→A 相。

4）$t_3 \sim t_4$ 时间内，u_B 最高，u_C 最低，二极管 VD_3、VD_6 获得正向电压而导通，形成电

流回路：B 相→VD_3→R_L→VD_6→C 相→B 相。

三相桥式整流电路按照上述顺序依次循环导通。

4. 励磁方式

交流发电机的励磁方式是先他励、后自励。当发电机转速较低，其电压低于蓄电池电压时，由蓄电池向发电机励磁绕组供电输出，为他励方式；当发电机转速升高、其电压高于蓄电池电压时，发电机向自身的励磁绕组供电，为自励方式。

5. 发电机搭铁类型

发电机外搭铁指的是发电机负极通过电压调节器搭铁，内搭铁指的是励磁绕组直接内部搭铁，如图 1-15 所示。

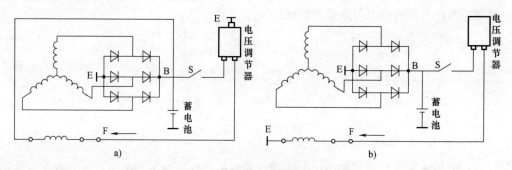

图 1-15　发电机搭铁类型
a）外搭铁　b）内搭铁

6. 带励磁二极管的交流发电机

为进一步提高发电机的电流输出，增加发电机的输出功率，在交流发电机中增加 3 只整流管作为励磁二极管，功用是向励磁电路提供励磁电流和使充电指示灯熄灭，其工作原理如图 1-16 所示。

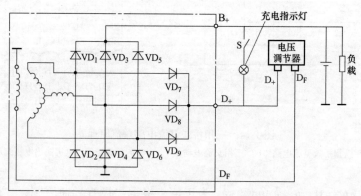

图 1-16　交流发电机充电指示灯工作原理

将充电指示灯连接在发电机的 B_+、D_+ 两端。当接通点火开关而未起动时，电压调节器 D_+、D_F 两端子之间处于通路状态，路径：蓄电池 +→点火开关 S→充电指示灯→电压调节器→励磁绕组→搭铁→蓄电池 -，充电指示灯亮；当发动机起动后，发电机正常工作时，发电机的 B_+、D_+ 端电位升高且一致，使充电指示灯两端的电压降为 0，充电指示灯灭。

在发动机起动期间，发电机电压小于蓄电池电压时，整流二极管截止，发电机不能对外输出，由蓄电池供给磁场电流。

当发动机转速升高到怠速及其以上时，发电机应能正常发电并对外输出，此时，发电机电压大于蓄电池电压，发电机自励，$U_{B_+} = U_{D_+}$，充电指示灯两端压降为零，指示灯熄灭，若指示灯没有熄灭，说明发电机有故障或充电指示灯电路有搭铁。

发电机中三相绕组所产生的三相交流电动势经六只二极管整流后，输出直流电，向负载供电，并向蓄电池充电。

当发电机高速运转、充电系统发生故障而导致发电机不发电时，D_+端无电压输出，所以充电指示灯由于两端电位差增大而发亮，警告驾驶人及时排除故障。九管交流发电机在停车后，蓄电池向充电指示灯继续提供电流，则充电指示灯会一直亮，提醒驾驶人断开点火开关。

九、交流发电机的工作特性

交流发电机的工作特点是转速变化范围大，对于一般汽油发动机来说，其转速变化约为 1:8，柴油机约为 1:5，因此分析汽车用交流发电机的特性时必须以转速的变化为基础。

交流发电机的特性有输出特性、空载特性和外特性，其中以输出特性最为重要。

1. 空载特性（图 1-17）

空载特性是指发电机空载时，发电机端电压 U 与发电机转速 n 之间的关系，即负载电流 $I_L = 0$ 时，$U = f(n)$，如图 1-17 所示。从曲线的上升速率和达到蓄电池电压的转速高低可判断发电机的性能是否良好。

2. 输出特性

当发电机输出电压一定时，输出电流 I 与发电机转速 n 之间（即电压 U 为常数时）的函数关系，称为发电机的输出特性。

发电机达到额定功率时的转速称为额定转速（图 1-18 中 n_2），额定转速是判断发电机性能的重要指标。

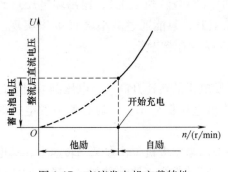

图 1-17　交流发电机空载特性

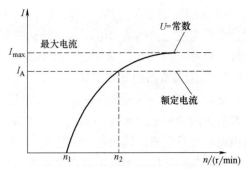

图 1-18　交流发电机输出特性曲线

3. 外特性

当发电机转速一定时，发电机端电压 U 与输出电流 I 之间的关系，称为发电机的外特性。

外特性曲线表明（图 1-19），在一定的转速下，输出电流增加时，发电机端电压有较大幅度的下降，因此，要使输出电压稳定，必须配备电压调节器。另外，在发电机高速运转时，如果突然失去负载，端电压会急剧升高，电气设备中的电子元件将有击穿的危险。

十、电压调节器

汽车在行驶过程中，由于发动机的转速随时都在变化，交流发电机的转速也随之变化，因此发电机输出电压必然随转速变化而变化。

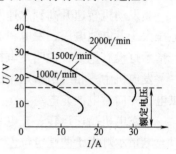

图 1-19 交流发电机的外特性

交流发电机电压调节器把交流发电机的电压控制在一定的规定范围内，当发电机转速发生变化时，自动调节发电机输出电压并使电压保持恒定，防止输出电压过高而损坏用电设备和避免蓄电池过量充电。

交流发电机每相绕组电动势的有效值为

$$E_\varphi = 4.44kfN\Phi$$

其中 $f = \dfrac{Pn}{60}$，则 $E_\varphi = 4.44k\dfrac{PN}{60}n\Phi$，可写作：

$$E_\varphi = Cn\Phi$$

式中 E_φ——每相电动势的有效值，单位为 V；

k——绕组系数，采用整距集中绕组时，$k = 1$；

f——感应电动势的频率，单位为 Hz；

P——磁极对数；

n——转子转速，单位为 r/min；

N——每相绕组的匝数；

Φ——每极磁通，单位为 Wb；

C——发动机结构常数。

由上式可知发电机所产生的感应电动势与转子转速和磁极磁通成正比。当转速升高时，E_φ 增大，输出端电压升高，当转速升高到一定值时（空载转速以上），输出端电压达到极限，要想使发电机的输出电压不再随转速的升高而上升，只能通过减小磁通 Φ 来实现。又磁极磁通 Φ 与励磁电流成正比，减小磁通 Φ 也就是减小励磁电流。

1. 电压调节器的基本原理

交流发电机电压调节器的工作原理是：当交流发电机的转速升高时，电压调节器通过减小发电机的励磁电流来减小磁通 Φ，使发电机的输出电压保持不变。通过调节发电机的励磁电流实现发电机的输出电压的稳定。

发电机的电压调节器串联在发电机的励磁电路中。当发电机工作在某一转速下，其电压达到设定的上限值时，电压调节器起作用，降低或切断励磁绕组的励磁电流，磁极的磁通量迅速减小而使发电机电压下降；当发电机电压下降至设定的下限值时，电压调节器又动作，使励磁电流增大，磁通量增加，发电机的电压上升；当发电机的电压上升至上限值时又重复上述过程。于是发电机的电压在设定的范围内波动，得到一个稳定的平均电压。

在当前汽车电子化程度已成为国际上衡量汽车技术水平的重要尺度的条件下，各国都竞相发展这一行业，不断应用高新技术，提升汽车电气化水平，以求获得更大的市场。这样的环境刺激和推动了汽车电子行业不断向前发展。

2. 电压调节器的分类

（1）按工作原理分

1）触点式电压调节器：触点式电压调节器应用较早，这种电压调节器触点振动频率慢，存在机械惯性和电磁惯性，电压调节精度低，触点易产生火花，对无线电干扰大，可靠性差，寿命短，现已被淘汰。

2）晶体管电压调节器：随着半导体技术的发展，晶体管电压调节器逐渐被采用。其优点是：晶体管的开关频率高，且不产生火花，调节精度高，还具有重量轻、体积小、寿命长、可靠性高、电波干扰小等优点，现广泛应用于东风、解放等多种中低档车型。

3）集成电路电压调节器：集成电路电压调节器除具有晶体管电压调节器的优点外，还具有超小型的优点，可以安装于发电机的内部（又称内装式电压调节器），减少了外接线，并且冷却效果得到了改善，现广泛应用于桑塔纳、奥迪等多种轿车车型上。

4）ECU控制电压调节器：该调节器原理为，由电负载检测仪测量系统总负载后，向发动机ECU发送信号，然后由发动机ECU控制发电机电压调节器适时地接通和断开磁场电路，既能可靠地保证电气系统正常工作，使蓄电池充电充足，又能减轻发动机负荷，提高燃料经济性。上海通用别克、广汽本田等轿车发电机上使用了这种电压调节器。

（2）按所匹配的交流发电机搭铁形式分

1）内搭铁型电压调节器：适合于与内搭铁型交流发电机所匹配的电压调节器称为内搭铁型电压调节器。

2）外搭铁型电压调节器：适合于与外搭铁型交流发电机所匹配的电压调节器称为外搭铁型电压调节器。

在使用过程中，对于晶体管电压调节器，最好使用汽车说明书中指定的电压调节器，如果采用其他型号替代，除标称电压等规定参数与原电压调节器相同外，代用电压调节器必须与原调节器的搭铁形式相同，否则，发电机可能由于励磁电路不通而不能正常工作。对于集成电路电压调节器，必须是专用的，不能替代。

3. 汽车电压调节器

汽车电压调节器有多种形式，其内部电路各不相同，但工作原理可用基本电路工作原理去理解。电压调节器与发电机的连接如图1-20所示。

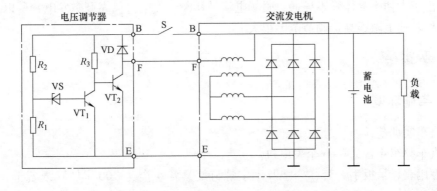

图1-20 电压调节器与发电机的连接

(1) 外搭铁型电压调节器的工作原理

1) 点火开关 S 刚接通时，发动机不转，发电机不发电，蓄电池电压加在分压器 R_1、R_2 上，此时因 UR_1 较低，不能使稳压管 VS 反向击穿，VT_1 截止，VT_1 截止使得 VT_2 导通，发电机磁场电路接通，此时由蓄电池供应磁场电流。随着发动机的起动，发电机转速升高，发电机他励发电，电压上升。

2) 当发电机电压升高到大于蓄电池电压时，发电机自励发电并开始对蓄电池充电，若此时发电机输出电压 U_B 小于电压调节器调节上限 U_{B_2}，则 VT_1 继续截止，VT_2 继续导通，但此时的磁场电流由发电机供应，发电机电压随转速升高迅速升高。

3) 当发电机电压升高到等于调节上限 U_{B_2} 时，调节器对电压的调节开始。此时 VS 反向击穿，VT_1 导通，VT_2 截止，发电机磁场电路被切断，磁场断路，磁通下降，发电机输出电压下降。

4) 当发电机电压下降到等于调节下限 U_{B_1} 时，VS 截止，VT_1 截止，VT_2 重新导通，磁场电路重新被接通，发电机电压上升。周而复始，发电机输出电压 U_B 被控制在一定范围内，这就是外搭铁型电压调节器的工作原理。

(2) 内搭铁型电压调节器的工作原理　内搭铁型电压调节器基本电路的特点是晶体管 VT_1、VT_2 采用 PNP 型，发电机的励磁绕组连接在 VT_2 的集电极和搭铁端之间，与外搭铁型电路显著不同，但是电路工作原理和其他结构与外搭铁型电压调节器类似。

(3) 电压调节器的工作特性　电压调节器通过晶体管 VT_2 的通断控制磁场电流大小，随着转速的提高，大功率晶体管 VT_2 的导通时间减小，截止时间增加，这样可使得磁场电流平均值减小，磁通减小，保持输出电压 U_B 不变。发电机的输出电压 U_B、磁场电流 I_f（平均值）随转速 n 变化的关系称为电压调节器的工作特性（图 1-21）。从电压调节器的工作特性曲线可以看出，n_1 为电压调节器开始工作的转速，称为工作下限，随着发电机转速的升高，磁场电流减小。当发电机转速很高时，由于大功率晶体管不导通，磁场电流被切断，发电机仅靠剩磁发电，所以，电压调节器的工作转速上限很高，调节范围很大。

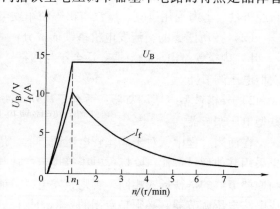

图 1-21　电压调节器工作特性

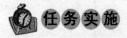

一、实施环境

1) 汽车实训基地。

2) 汽车整车 4 台，4~6 个发电机。

3) 万用表、呆扳手 1 套、一字及十字螺钉旋具各 4 个、"00" 号砂纸若干、千分尺、游标卡尺。

二、实施步骤

（一）汽车发电机的拆装

如果在使用过程中发电机发生不充电和充电小的故障，给汽车蓄电池造成严重亏电，并造成汽车起动困难，就需要更换或者维修汽车发电机。汽车发电机的拆装步骤如下：

1. 汽车发电机分解前的检查

1) 清洁发电机外表面。
2) 手持带轮测前轴承轴向及径向间隙。
3) 转动转子，检查轴承阻力、噪声以及转子与定子之间有无摩擦及异响。当发现阻力较大时，可拆除电刷再试，以确定阻力是来自电刷还是来自轴承。
4) 转动转子轴，检查带轮的摆差大小，以判断转子轴是否弯曲。
5) 检查外壳、挂脚等处有无裂纹及损坏。

2. 汽车发电机的分解

1) 拆下后轴承盖及油封，旋下转子轴紧固螺母。
2) 拆下前后端盖的紧固螺钉，使装有转子的前端盖与装有定子的后端盖分离，并在前后端盖及定子铁心上同作一标记，以便装复时用。
3) 拆下带轮紧固螺母，取下带轮、风扇、半圆键，使转子与前端盖分离，注意不要使定子线圈引线拉断。
4) 拆下前轴承盖，取出前轴承。
5) 拆下后端盖上的防护罩。
6) 拆除元件板上定子线圈线端的联接螺母与中性线线端的联接螺母，使定子与元件板（散热板）分离，取出定子总成。
7) 拆下后端盖上紧固元件板总成的螺母与电枢接线柱的紧固螺母，取下元件板总成。

3. 汽车发电机的装配

1) 首先在轴承中加 1~3 号复合钙钠基润滑脂，但轴承内填充润滑脂的量不宜过多，以免发生溢出而溅在集电环上，造成电刷接触不良。
2) 分别组合好前后端盖的轴承。
3) 将整流元件板装到后端盖上（千万不要漏装绝缘垫）。
4) 将定子总成装到后端盖上，与整流元件板连接好，定子绕组上 4 个接线柱（片）应合理安装，不要强拉、强折，以免刮碰转子。
5) 将转子总成装入定子及后端盖上。
6) 前后端盖组合连接，注意联接螺栓的螺母应朝向风扇，联接螺栓应对角拧紧，边拧紧，边转动转子查看是否刮碰定子，以免起动时烧坏转子与定子。如有转子刮碰定子的现象，应用木槌敲击发电机外壳加以调整。
7) 装配半圆键、风扇、带轮、转子轴前后固定螺母。
8) 装配电刷架总成，注意电刷架与转子轴上集电环的位置应该对齐，千万不能用一电刷接触两个集电环，否则将无法发电。
9) 装配好的发电机，应转动灵活，无卡滞，无刮碰声，转子轴无窜动现象。

（二）汽车发电机的检修

1. 检修发电机壳体
壳体应无裂纹，挂脚无损伤，壳体上的轴承孔与轴承外圈配合间隙不大于 0.1mm。

2. 检修发电机电刷及弹簧
电刷在电刷架中，应活动自如，无卡滞现象，电刷上应无油污，长度不宜太短，电刷弹簧弹力应符合规定要求。

3. 检测整流二极管
用万用表电阻 $R×1$ 档检测二极管，正向电阻值应为 $8～10\Omega$，反向电阻值应为 $10k\Omega$ 以上。

4. 转子绕组的检测
用万用表 $R×1$ 档检测转子绕组对地的阻值，12V 发电机的电阻值在 $5～7\Omega$ 时，说明线圈正常，阻值过低或过多时，说明转子绕组有短路或断路，转子绕组与集电环之间的连接有了故障。

5. 定子绕组的检测
用万用表 $R×1$ 测量定子绕组 3 个连接端的电阻，阻值应一致，测出的电阻值过大或过小（接近于零）时，则表示定子绕组内部已断路或短路。

6. 检查集电环
集电环表面应清洁、平整和光滑，无烧蚀疤痕，且表面粗糙度应不大于 $1.6\mu m$，集电环的表面不允许有油污，表面有轻微烧痕的应用细砂纸打磨光，集电环的铜环厚度应不小于 2mm。

7. 励磁绕组的检查
（1）励磁绕组短路与断路的检查。检查前先清除两个集电环之间的炭粉，观察有无明显的断头或烧焦现象。用万用表测量励磁绕组的电阻值，将红黑两支表笔分别压在两个集电环上。如果电阻值在规定范围内，则说明励磁绕组良好；如果测量电阻值偏小，则说明励磁绕组匝间有短路存在；如果测量电阻值无穷大，则说明励磁绕组断路。

（2）励磁绕组搭铁检查。两个集电环与转子轴之间的电阻值应为无穷大，否则说明励磁绕组有搭铁故障。

8. 转子轴的检查
转子轴的弯曲度可以用百分表检查，弯曲度应不超过 0.05mm（径向圆跳动公差不超过 0.1mm），否则应予校正。

（三）空载与负载性能的诊断

1. 空载性能的诊断
1）将电压表的正负极分别与蓄电池的正负极相连，将钳形直流电流表的检测夹夹到发电机输出端子"B"的引出导线上。

2）起动发动机，将转速升高到 2000r/min 运行，此时电压表指示的电压应为 $13.9～15.1V$，电流表读数应小于 10A。电压过高或过低应检修或更换电压调节器；电流过大说明蓄电池充电不足或有故障，应补充充电或更换蓄电池。

2. 负载性能的诊断
1）检测仪器的连接，同时进行空载性能诊断。

2）起动发动机并使其以 2000r/min 运行。

3）接通前照灯和暖风电动机，此时调节器电压应为 $13.9～15.1V$，电流表读数应大于 30A。若小于 30A，则说明发电机功率不足，应拆下检修或更换发电机。

任 务 工 单

任务1-3　发电机的检修

班　级		姓　名		学　号	
地　点				等　级	
任务目的					
任务过程	一、汽车发电机的拆装 记录拆装步骤： 二、汽车发电机的检测 1. 不解体的检查 （1）目测汽车发电机外壳是否有破损 　　正常 □　　　损伤 □ （2）用手转动发电机带轮，检查发电机轴承完好情况 　　正常 □　　　运转噪声 □ （3）用万用表检测发电机"B"端子与外壳之间的电阻，判断整流器的好坏 　　正向测量值：　　　　　　　　反向测量值： 　　正常 □　　不同极性二极管被击穿 □　　同一极性二极管被击穿 □					

（续）

| 任务过程 | 2. 解体后的检查
（1）转子的检查
1）转子绕组短路与断路的检查：
测量值：
    正常 □　　短路 □　　断路 □
2）转子绕组绝缘检查：
测量值：
    正常 □　　不绝缘 □
3）集电环的检查：
    正常 □　　脏污 □　　损坏 □
（2）定子的检查
1）定子绕组短路与断路的检查：

\| 测量点 \| A-N \| B-N \| C-N \|
\| --- \| --- \| --- \| --- \|
\| 测量值 \| \| \| \|
\| 正常 \| \| \| \|
\| 短路 \| \| \| \|
\| 断路 \| \| \| \|

2）定子绕组绝缘检查：
测量值：
    正常 □　　不绝缘 □
（3）整流器的检查
1）检测正极管：
正向测量值：　　　　　反向测量值：
    正常 □　　损坏 □
2）检测负极管：
正向测量值：　　　　　反向测量值：
    正常 □　　损坏 □
（4）电刷组件的检查
长度测量值：　　　　　长度标准值：
异常磨损情况： |

（续）

任务过程	三、问题与思考				
	1）请判断出你所拆装的汽车发电机的搭铁形式。如果是内搭铁式，怎样用外搭铁式电压调节器与之匹配使用？				
	2）汽车发电机总成从车上拆下时为什么要先拆下蓄电池负极？				
考核评价		考评项目	分 值	教师考核	备 注
	素质考评	团队协作	10分		
		语言表达	10分		
		实训纪律	10分		
	过程考评	工具使用	10分		
		任务实施	30分		
		完成情况	20分		
		工位整理	10分		
	合 计				

任务1-4 电源系统的故障诊断与检修

任务导入

汽车电源系统是汽车电气的重要组成部分，同时也比较容易出现故障，作为一名汽车维修技术人员，要能熟练的排除汽车电源系统常见的故障，保证汽车能正常起动，保证汽车发电机对蓄电池正常充电等。

任务分析

本单元讲述了电源系统常见的故障及排除方法，要求学生掌握电源系统常见故障诊断思路和排除故障的方法。

相关知识

汽车电源系统常见的故障有电源系统不充电、充电指示灯不亮（发动机不工作时）、蓄电池充电不足、充电指示灯时亮时灭等。

一、电源系统不充电故障

1. 故障现象

发动机起动后，仪表板上的充电指示灯不熄灭，或是在发动机正常运转过程中，充电指示灯始终亮着，这都说明发电机出现了不充电故障。

2. 故障原因

1）发电机励磁绕组短路、断路或搭铁故障而导致磁场绕组电流减小或不通。
2）定子绕组短路、断路或搭铁故障。
3）整流器故障。
4）电刷因磨损而过短，电刷弹簧无弹性或电刷在电刷架中卡住而造成电刷不能与集电环接触或接触不良。
5）电压调节器故障，如电压调节器内部电子元器件损坏而使大功率晶体管不能导通或大功率晶体管本身断路。
6）发电机的传动带过松导致传动带打滑，发电机不转或转速过低而不发电。
7）连接的有关电路有故障。

3. 故障诊断与排除

1）当充电指示灯常亮时，说明点火开关、内部熔丝及充电指示灯技术状态良好（指九管、十一管交流发电机的电源系统）。
2）断开点火开关，检查发电机传动带的挠度是否符合规定，挠度过大，应予调整，如传动带的挠度正常，则继续检查。
3）拆下电压调节器接线柱上的导线，接通点火开关，用万用表检测电压调节器接线柱上的导线电压，如电压为零，充电指示灯亮，说明仪表板与电压调节器之间的电路搭铁，应予检修或更换，如电压调节器接线柱上的导线电压等于蓄电池的电压，则继续检查。

4）检查电刷与电刷弹簧，电刷与集电环接触是否良好，如接触不良则应予检修或更换，如接触良好，则继续检查。

5）检查电压调节器有无故障，如有故障则需更换电压调节器总成。

6）检测发电机的定子绕组、转子绕组有无短路、断路、搭铁等故障，检测整流器有无故障，如有故障应予检修或更换。

二、发动机不工作时充电指示灯不亮故障

1. 故障现象

接通点火开关和发动机正常运转时，充电指示灯始终不亮。

2. 故障原因

充电指示灯灯丝断路、熔丝烧断，使指示灯电路不通；指示灯或电压调节器电源电路导线断路或连接松动；蓄电池接线柱上的电缆接头松动；点火开关故障；发电机电刷与集电环接触不良；电压调节器内部电路故障，如电压调节器内部电子元器件损坏而使大功率晶体管不能导通或大功率晶体管本身断路。

3. 故障诊断与排除

当接通点火开关充电指示灯不亮，且起动发动机后发电机不能发电时，故障诊断程序与排除方法如下：

1）首先断开点火开关，检查仪表熔丝是否断路，如熔丝断路，必须更换相同容量的熔丝，如熔丝良好，则继续检查。

2）接通点火开关，用万用表检测熔丝上的电压值，如电压为零，说明点火开关或点火开关与熔丝之间电路有故障，应予检修或更换，如熔丝上的电压等于蓄电池的电压，则继续检查。

3）拆下电压调节器接线柱上的导线，接通点火开关，用万用表检测电压调节器接线柱上的导线电压，如电压为零，说明仪表板上的充电指示灯或充电指示灯的旁通电阻断路，或仪表板与电压调节器之间的电路断路，应予检修或更换，如电压调节器接线柱上的导线电压等于蓄电池的电压，则继续检查。

4）检查电刷与电刷弹簧，检查电刷与集电环接触是否良好，如接触不良则应予检修或更换，如接触良好，则继续检查。

5）检查电压调节器有无故障，如有故障则需更换电压调节器总成。

6）检查发电机的转子绕组有无短路、断路、搭铁故障，如有故障则需更换。

三、蓄电池充电不足故障

1. 故障现象

接通点火开关时充电指示灯能亮，发动机起动后和运转时充电指示灯也能熄灭，但蓄电池会很快出现亏电，并且起动发动机时，起动机运转无力，夜间行车时前照灯灯光暗淡。

2. 故障原因

1）发电机传动带过松或损坏。

2）发电机输出端子至蓄电池正极柱之间电路断路或导线端子接触不良。

3）发电机电刷磨损过多导致电刷与集电环接触不良。

4）发电机电刷弹簧卡滞或弹力不足而导致电刷与集电环接触不良。

5）电压调节器的调节电压过低或其内部电路有故障。

6）发电机转子绕组短路，磁场变弱而导致发电机输出功率降低。

7）发电机整流器故障或定子绕组有短路、断相故障（三相电路中有一相不能工作）而导致发电机输出功率降低。

8）蓄电池使用时间过长、极板硫化或损坏、活性物质脱落，全车电路中有导线搭铁漏电。

3. 故障诊断与排除

依据相应的原因进行诊断与排除。

四、充电指示灯时亮时灭故障

1. 故障现象

接通点火开关和发动机正常运转时，充电指示灯时亮时灭。

2. 故障原因

发电机传动带挠度过大而出现打滑现象；发电机个别整流二极管断路；一相定子绕组连接不良或断路而导致发电机输出功率降低；发电机电刷磨损过多；电压调节器调节电压过低；相关电路接触不良。

3. 故障诊断与排除

1）检查传动带的挠度是否符合规定。

2）检查相关电路的连接情况，如不正常，则需检修。

3）拆下电压调节器和电刷组件总成，并按前述方法检查电压调节器和电刷组件，如不正常，则需检修发电机总成。

一、实施环境

1）汽车实训基地。

2）汽车（大众）整车或教学整车 4 台。

3）万用表、解码器、翼子板布、车内三件套、拆装工具、车辆举升机各四套及汽车（大众）维修手册。

二、实施步骤

故障现象：发动机工作时，充电指示灯点亮。

第一步：记录（读取）车辆故障码或者故障现象。

第二步：从故障车整车维修手册中正确拆画充电指示灯控制电路图。

第三步：根据拆画的电路图分析充电指示灯控制逻辑。

第四步：根据控制电路及控制逻辑分析充电指示灯点亮故障的可能原因。

第五步：有序地做相应的检测，诊断及排除故障。

任 务 工 单

任务1-4 电源系统的故障诊断与检修

班　级		姓　名		学　号	
地　点				等　级	
任务目的					
任务过程	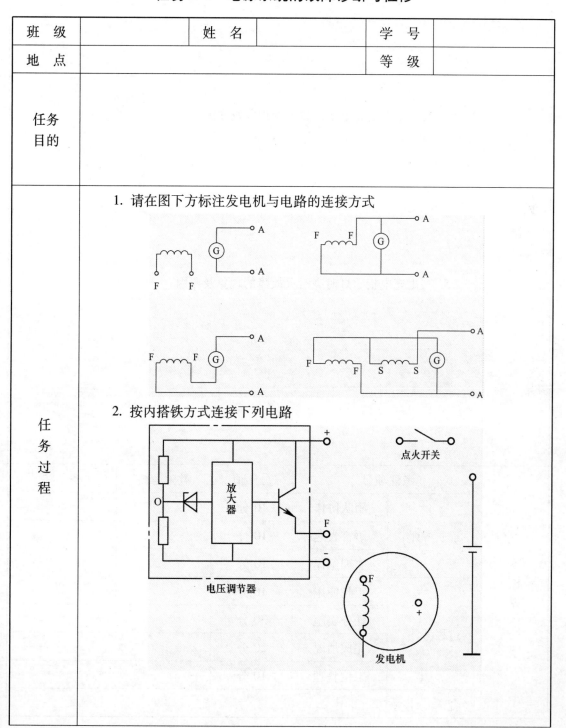				

1. 请在图下方标注发电机与电路的连接方式

2. 按内搭铁方式连接下列电路

（续）

任务过程	3. 写出发动机不工作时充电指示灯不亮故障的现象及原因
	4. 写出蓄电池充电不足故障的现象及原因
	5. 写出充电指示灯时亮时灭故障的现象及原因

考核评价	考评项目		分　值	教师考核	备　注
	素质考评	团队协作	10分		
		语言表达	10分		
		实训纪律	10分		
	过程考评	工具使用	10分		
		任务实施	30分		
		完成情况	20分		
		工位整理	10分		
	合　　计				

本项目小结

本项目讲述了电压、电流、电阻、电子元件、电流的磁效应和电磁感应等电工基础知识,重点讲解了蓄电池及汽车发电机的作用、结构组成及工作原理,同时分析了蓄电池的工作特性、常规检查项目、日常维护及常见故障诊断及排除方法,汽车发电机的检修方法。最后分析了电源系统常见故障诊断思路和排除故障的方法。

思考题

1) 电路的连接有_____、_____和_____三种。
2) 汽车电气设备有哪些特点?
3) 汽车蓄电池的电压为_____V 或者_____V。
4) 12V 蓄电池由_____个单体电池_____而成。
5) 铅酸蓄电池正极板上活性物质是_____,负极板上是_____。
6) 汽车发电机转子的作用是_____。
7) 汽车发电机定子的作用是_____。
8) 汽车发电机整流器的作用是_____。
9) 发电机带轮是由_____驱动的。
10) 影响汽车蓄电池容量的因素有哪些?
11) 蓄电池常见的故障有哪些?
12) 蓄电池常规的检查项目有哪些?
13) 请阐述汽车电源系统常见故障及诊断的方法和基本步骤。

项目2　汽车起动系统的检修

学习目标

1. 知识目标
（1）掌握起动系统的组成及功用
（2）掌握起动机的结构与工作原理
（3）掌握起动机的拆装与检测方法
（4）掌握起动控制电路的读图方法

2. 能力目标
（1）能读懂汽车起动系统基本电路
（2）能对汽车起动机进行检测维修
（3）能完成汽车起动系统的故障诊断与排除

任务 2-1　起动机的认知与检修

任务导入

起动机是起动系统最主要的组成部分，起动机是否正常工作直接决定发动机能否正常起动。为此，作为一名合格的汽车维修技师，要掌握起动机的结构及工作原理要能正确拆装起动机，能对起动机进行就车和解体的检测和维修。

任务分析

本单元讲述了起动机的结构及工作原理，要求学生掌握起动机的结构及工作原理，并能正确检修起动机总成及零部件。

相关知识

一、起动系统的组成

典型的起动系统主要由蓄电池、点火开关、起动电路和起动机等部件组成，如图2-1所示。有些车型在起动系统电路中设置了起动安全开关，在许多较大功率起动机的起动系统电路中，还安装了起动继电器。

1. 起动机

起动机是起动系统中的核心部件，它的作用

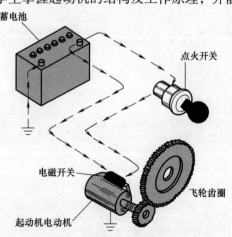

图 2-1　典型的起动系统组成

是将来自蓄电池的电能转变成机械能，然后传给发动机飞轮，使发动机开始运转。

2. 蓄电池和起动控制电路

蓄电池和起动控制电路为起动机提供电能，多数与起动系统有关的故障都和蓄电池及其相关部件有关，因此，在查找起动系统故障时，应首先检查蓄电池及其相关部件。

二、发动机起动原理

要使发动机由静止状态过渡到工作状态，必须用外力转动发动机的曲轴，使气缸内吸入或形成可燃混合气并燃烧膨胀，工作循环才能自动进行，从曲轴在外力作用下开始转动到发动机开始自动地怠速运转的全过程称为发动机的起动。

起动发动机时，必须克服气缸内被压缩气体的阻力和发动机本身及其附件内相对运动产生的零件之间的摩擦阻力，克服这些阻力所需的力矩称为起动转矩。保证发动机顺利起动所必需的曲轴转速称为起动转速。当转速过低时，压缩行程内的热量损失过多，且进气流速过低，将使汽油雾化不良，导致气缸内混合气不易着火，车用柴油机所要求的起动转速比汽油机更高。柴油机采用直接喷射式燃烧室时的起动转速较低，而采用涡流室或预燃室式燃烧室时的起动转速较高，这一方面是为了防止气缸漏气和热量散失过多，保证压缩终了时气缸内有足够的压力和温度，另一方面是为了使喷油泵能建立足够高的喷油压力和在气缸内造成足够强的空气涡流，否则柴油雾化不良，导致混合气品质不好，也难以着火。

由于柴油机的压缩比比汽油机的大，因而起动转矩也较大，同时起动转速也较汽油机的高，所以柴油机所需的起动功率比汽油机大。转动发动机曲轴使发动机起动的方法很多，汽车发动机常用的有电动机起动和手摇起动两种，电动机起动是用电动机作为机械动力，将电动机轴上的齿轮与发动机飞轮周缘的齿圈啮合，使动力传到飞轮和曲轴，并使之旋转，电动机本身采用蓄电池作为电源。目前绝大多数汽车发动机都采用电动机起动。

三、起动机的分类和型号

1. 起动机的分类

在各种起动机的组成部分中，电动机部分一般没有本质的差别，而控制方法和传动机构的啮入方式则有很大差异，因此起动机是按控制方法和传动机构的啮入方式的不同来分类的。

（1）按传动机构啮入方式的不同分类

1）强制啮合式：靠人力或电磁力拉动杠杆，强制拨动驱动齿轮啮入飞轮齿圈。

2）同轴式：靠与起动机同轴安装的电磁开关直接吸动驱动齿轮与飞轮齿圈啮合。

3）惯性啮合式：起动机旋转时，驱动齿轮借惯性自动啮入飞轮齿圈。

4）齿轮移动式：靠电磁开关推动安装在电枢轴孔内的啮合杆而使驱动齿轮啮入飞轮齿圈。

5）电枢移动式：靠磁极磁通的电磁力，使电枢轴向飞轮齿圈方向移动，将驱动齿轮啮入飞轮齿圈。

除上述类别以外，还有磁极为永久磁铁的永磁式起动机以及内装减速齿轮的减速起动机等。

（2）按控制方法的不同分类

1）电磁控制式：借按钮或钥匙控制电磁铁，再由电磁铁控制主电路开关接通或切断主电路。由于装有电磁铁，可进行远距离控制，操作省力，因此现代汽车大多采用这种方式。

2）机械控制式：由脚踏或手拉杠杆联动机构直接控制起动机的主电路开关来接通或切断主电路。解放跃进汽车即采用这种方式，这种方式虽然结构简单，工作可靠，但由于要求起动机和蓄电池靠近驾驶室，因而受安装布局的限制，且操作不便，因此已很少采用。

2. 起动机的型号

QC/T 73—1993《汽车电气设备产品型号编制方法》规定起动机的型号如下图 2-2 所示：

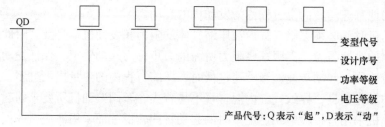

图 2-2　起动机的型号

QDJ 表示减速起动机，QDY 表示永磁起动机（包括永磁减速起动机），J、Y 分别表示减速和永磁。

1）电压等级：1 表示 12V，2 表示 24V。

2）功率等级：1 表示 0～1kW，2 表示 1～2kW……8 表示 7～8kW。

3）设计序号：按产品设计先后顺序，以 1～2 位阿拉伯数字表示。

4）变型代号：变型代号分别用 A、B、C……表示。

四、起动机的组成与结构

起动机一般由传动机构、直流电动机和电磁操作机构（电磁开关）三部分组成，结构如图 2-3 所示。

1. 起动机传动机构

起动机的传动机构实际上是一个单向离合器，单向离合器的作用是单方向传递转矩，即起动发动机时将起动机的转矩传给发动机曲轴，而当发动机起动后它又能自动打滑，不使飞轮齿圈带动起动机电枢旋转，以免损坏起

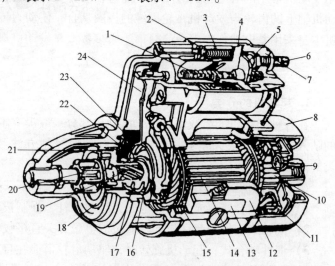

图 2-3　起动机的结构

1—回位弹簧　2—保持线圈　3—吸引线圈　4—电磁开关壳体　5—触点
6—接线柱　7—接触盒　8—后盖　9—电刷弹簧　10—换向器
11—电刷　12—磁极　13—磁极铁心　14—电枢　15—磁极绕组
16—移动衬套　17—缓冲弹簧　18—单向离合器　19—电枢
轴花键　20—驱动齿轮　21—罩盖　22—止动盘
23—传动套筒　24—分离叉

动机。因为飞轮齿圈与起动机驱动齿轮的传动比为1:10~1:15，发动机发动后，如果不及时将起动机与发动机分离，则起动机的电枢就会被发动机曲轴带动以10000~15000r/min的转速高速旋转，导致电枢线圈从电枢槽中甩出，造成"飞散"事故而使电枢损坏。

单向离合器有滚柱式、摩擦片式、弹簧式、棘轮式等不同形式，其中，摩擦片式的单向离合器多用于大功率起动机。如图2-4所示为滚柱式离合器（也称单向离合器或超越离合器），它由外座圈2、开有楔形缺口的内座圈3、滚子4以及连同弹簧一起装在内座圈3孔中的柱塞5组成。作为内座圈毂的花键套筒6和起动机轴用花键连接。当电枢连同内座圈3依箭头所示方向旋转时（图2-4a），滚子4在摩擦力及弹簧推力的作用下压紧在内外座圈之间楔形槽的窄端，起动机轴上的转矩通过压紧的滚子传到外座圈2，固定在外座圈2上的起动机驱动齿轮1随电枢轴一同旋转，驱动飞轮齿圈7使曲轴旋转。

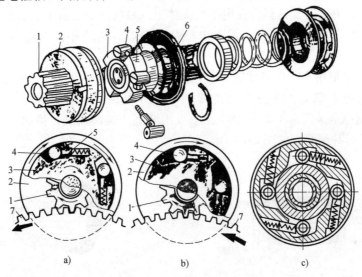

图 2-4 滚柱式单向离合器
a) 开始啮合 b) 脱离啮合 c) 剖视图
1—起动机驱动齿轮 2—外座圈 3—内座圈 4—滚子 5—柱塞 6—花键套筒 7—飞轮齿圈

当发动机开始工作时（如图2-4b），曲轴转速逐渐升高，有飞轮齿圈7带动起动机驱动齿轮1高速旋转的趋势。此时虽然起动机驱动齿轮1的旋转方向不变，但已由主动轮变成了从动轮，而且起动机驱动齿轮1和外座圈2的转速大于内座圈1的转速。于是，滚子4在摩擦力的作用下克服弹簧推力而向楔形槽中较宽的一端滚动，内外座圈脱离联系而可以自由地相对滑动，从而使高速旋转的小齿轮与电枢轴脱开，避免了起动机超速的危险。

弹簧式单向离合器的结构如图2-5所示。起动机驱动齿轮1套在起动机电枢轴的光滑部分上，连接套筒6套在电枢轴的螺旋花键上，两者之间由两个月形圈3连接。月形圈

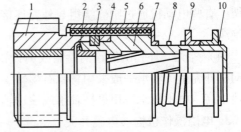

图 2-5 弹簧式单向离合器
1—起动机驱动齿轮 2—挡圈 3—月形圈 4—扭力弹簧
5—护圈 6—连接套筒 7—垫圈 8—缓冲弹簧
9—移动衬套 10—卡簧

3的作用是使起动机驱动齿轮1与连接套筒6之间不能做相对轴向移动,但可相对转动。在驱动齿轮柄和连接套筒6上包有扭力弹簧4,扭力弹簧4的两端各有1/4圈内径较小,这1/4圈弹簧分别箍紧在齿轮柄和连接套筒6上。当起动机带动曲轴旋转时,扭力弹簧4扭紧,箍紧齿轮柄与连接套筒6,于是电枢的转矩通过扭力弹簧4和起动机驱动齿轮1传至飞轮齿圈,使发动机起动。发动机起动后,驱动齿轮的转速高于起动机电枢,则扭力弹簧4放松,这样飞轮齿圈的转矩便不能传给电枢,即驱动齿轮只能在电枢轴的光滑部分上空转,从而起单向离合器的作用。

2. 串励式直流电动机

直流电动机由电枢、磁极、外壳、电刷与电刷架等组成。

(1) 磁极 磁极由铁心和励磁绕组构成,其作用是在电动机中产生磁场。磁极铁心一般由低碳钢制成,并通过螺钉固定在电动机壳体上。磁极一般是由4个励磁绕组形成两对磁极并两两相对,常见的励磁绕组一般与电枢绕组串联在电路中,故被称为串励式直流电动机。

(2) 电枢 电枢用来产生电磁转矩,它由电枢铁心、电枢绕组、电枢轴及换向器组成,如图2-6所示。电枢铁心由多片互相绝缘的硅钢片叠成;电枢绕组的电流一般为200~600A,因此电枢绕组采用很粗的扁铜线,一般用波绕法绕制而成;换向器的铜片较厚,相邻铜片之间用云母片绝缘,如图2-7所示。

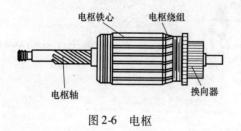

图2-6 电枢

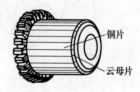

图2-7 换向器

(3) 电刷及电刷架 电刷及电刷架的作用是将电流引入电枢,使电枢产生连续转动。电刷一般用铜和石墨压制而成,有利于减小电阻及增加耐磨性。电刷装在电刷架中,借弹簧压力紧压在换向器上。通常电动机内装有4个电刷架,其中两个电刷架与外壳直接相连构成电路搭铁,称为搭铁电刷架;另外两个连接励磁绕组和电枢绕组,与外壳绝缘,称为绝缘电刷架。有些电动机通过励磁绕组与外壳连接构成搭铁电路,这种电动机的所有电刷架都与机壳绝缘。

(4) 外壳 外壳由低碳钢卷制或由铸铁铸造而成。起动机工作时间很短,所以安装在起动机外壳上的轴承一般采用青铜石墨轴承或铁基含油滑动轴承。减速起动机由于其电枢的转速很高,电枢轴承采用滚柱轴承或滚珠轴承。

3. 电磁操作机构(电磁开关)

图2-8所示是起动机电磁操作机构的电路。其操作机构主要由吸引线圈、保持线圈、驱动杠杆、起动开关接触片等组成。

起动时,接通起动开关11,起动继电器线圈13通电,使起动继电器触点12闭合,接通起动机继电器的吸引线圈5(与电动机串联),保持线圈6(与电动机并联),两个线圈的磁场产生很强的磁力吸引铁心 7 左移,并带动驱动杠杆 8 绕其销轴转动,使驱动齿轮 9 移出与飞轮齿圈啮合,与此同时,由于吸引线圈 5 中的电流通过电动机的励磁绕组,电枢开始旋转,驱动齿轮 9 在旋转中移出,减小与飞轮啮合时的冲击。当铁心 7 左移到接触盘将电动机接线柱 10 与起动机蓄电池接线柱 3 接通时,起动机开始起动发动机。此时,与电动机接线柱 10 相连的吸引线圈 5 被短路而失去作用,但这时起动机开关已接通,保持线圈 6 所产生的磁力足以维持铁心 7 处于开关吸合位置。

起动后,及时松开起动开关,起动继电器线圈断电,磁场消失,在回位弹簧的作用下,铁心 7 右移回到原位,起动机电路切断,与此同时,驱动杠杆 8 也在弹簧的作用下回位,并使驱动齿轮 9 退出啮合。

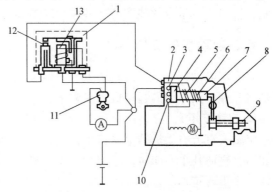

图 2-8 起动机电磁操作机构的电路
1—起动继电器 2—起动机 3—起动机蓄电池接线柱
4—接触片 5—吸引线圈 6—保持线圈 7—铁心
8—驱动杠杆 9—驱动齿轮 10—电动机接线柱
11—起动开关 12—起动继电器触点
13—起动继电器线圈

五、起动机的工作原理

起动机的工作原理可以通过其主要部件直流电动机的工作原理来说明。直流电动机是将电能转变为机械能的设备,它是根据通电导体在磁场中受到电磁力作用的基本原理制成的,其工作原理如图 2-9 所示。

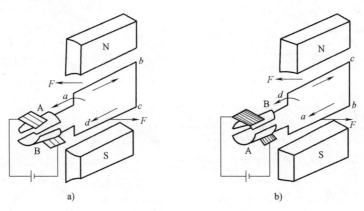

图 2-9 直流电动机的工作原理

电动机的电刷与直流电源相接,电流由正电刷和换向片 A 流入,从换向片 B 和负电刷流出,如图 2-9a 所示,此时线圈中的电流方向为 $a \rightarrow d$,按左手定则可确定导线 ab 受到向左的磁场力 F,导线 cd 受到向右的电磁力 F,从而使整个线圈受到逆时针方向的转矩而转动。

当电枢转过半周时如图 2-9b 所示,换向片 B 与正电刷相接触,换向片 A 与负电刷相接触,线圈电流的方向改变为由 $d \rightarrow a$,因在 N 极和 S 极之间导体中的电流方向保持不变,电磁转矩的方向也就不变,电枢仍按原来的逆时针方向继续转动。

由于一个线圈所产生的转矩太小,且转速不稳定,因此实际上电动机的电枢上绕有很多线圈,换向片数量也随线圈的增多而相应增加,从而保证产生足够大的转矩和稳定的转速。

六、起动机的工作特性

在直流电动机中,按励磁绕组与电枢绕组的连接方式的不同,可分为串励式、并励式和复励式三种,汽车用的起动机大多为串励式直流电动机,其特点如下:

1. 起动转矩大

串励式直流电动机的电磁转矩在磁路未饱和时与电枢电流的二次方成正比,只有在磁路饱和后,磁通几乎不变时,电磁转矩才与电枢电流成直线关系(图2-10),这是串励式电动机的一个重要特点。

在起动的瞬间,由于发动机的阻力矩很大,起动机处于完全制动的情况,此时电枢电流达最大值,称为制动电流,产生的最大转矩称为制动转矩。在电枢电流相同的情况下串励式电动机的转矩要比并励式大得多,从而使发动机更易于起动,这就是起动机采用串励式电动机的主要原因。

2. 机械特性软

如图2-11所示,由于串励式直流电动机具有较软的机械特性,轻载时转速高,重载时转速低,可使起动安全、可靠,故对起动发动机十分有利,这是起动机采用串励式的又一原因。

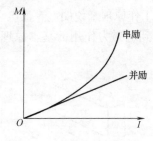

图2-10　直流电动机转矩特性

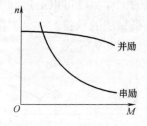

图2-11　直流电动机机械特性

串励式直流电动机在轻载时转速很高,易造成飞车事故,因此,功率较大的串励式直流电动机不允许在轻载或空载下运行。

七、起动机的特性曲线

起动机的转矩、转速、功率与电流的关系曲线称为起动机的特性曲线。图2-12所示为起动机的特性曲线,刚接入起动机的情况相当于完全制动,此时转矩也达最大值,称为制动转矩。在起动机空转时,电流称为空转电流,转速称为空转转速,此时转速达最大值。在电流接近制动电流的一半时,起动机的功率最大。

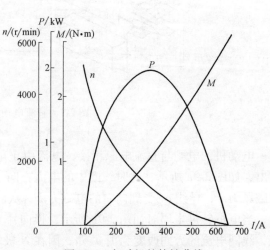

图2-12　起动机的特性曲线

八、减速起动机的基本结构和工作原理

减速起动机与常规起动机的主要区别是在传动机构和电枢轴之间安装了一套减速齿轮装置。通过减速装置把转矩传递给单向离合器,可以降低电动机的速度并增大输出转矩,减轻起动机的体积和质量。齿轮减速装置主要有行星齿轮减速装置和平行轴外啮合减速齿轮装置两种形式。目前采用减速起动机的汽车越来越多,如北京现代索纳塔、北京切诺基吉普车、奥迪、本田和丰田轿车等。下面分别结合实例讲解减速起动机的结构组成和原理。

1. 行星齿轮式减速起动机

行星齿轮式减速起动机的结构如图 2-13 所示,下面简单介绍其直流电动机、传动机构及减速装置。

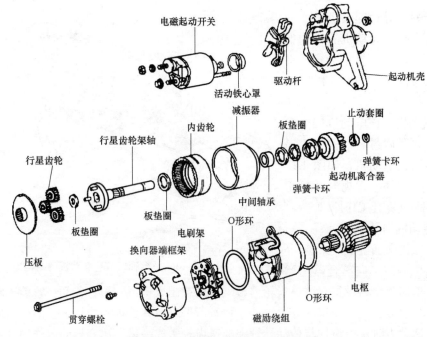

图 2-13 行星齿轮减速起动机的结构

(1) 直流电动机 该直流电动机的结构有两类,一类与常规起动机类似,它采用励磁绕组产生磁场,另一类采用永久磁铁代替励磁绕组,减小了起动机的体积,提高了起动性能。

(2) 传动机构及减速齿轮装置 该起动机的传动机构采用滚柱式单向离合器,用拨叉拨动驱动齿轮使之移动。其结构与工作过程和传统式起动机类似。行星齿轮减速装置中设有 3 个行星轮和 1 个太阳轮(电枢轴齿轮)及 1 个固定的内齿圈。其结构如图 2-14 所示。

内齿圈固定不动,行星齿轮支架是一个具有一定厚度的圆盘,圆盘和驱动齿轮轴制成一体。3 个行星齿轮连同齿轮轴一起压装在圆盘上,行星齿轮在轴上可以边自转边公转。驱动齿轮轴一端制有螺旋键齿,与离合器传动导管内的螺旋键槽配合。

为防止起动机中过大的转矩对齿轮造成损坏,使用弹簧垫圈把离合器片压紧在内齿圈上,当内齿圈受到过大的转矩时,离合器片和弹簧垫圈可以吸收超负荷的转矩,如图 2-15 所示。

该起动机的控制装置和前述起动机相似,此处不再做分析。

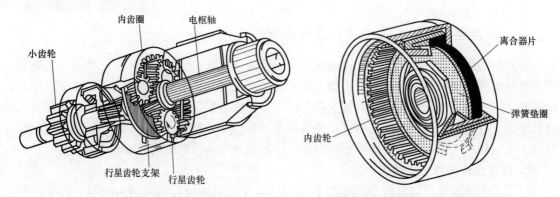

图 2-14 行星齿轮减速装置结构

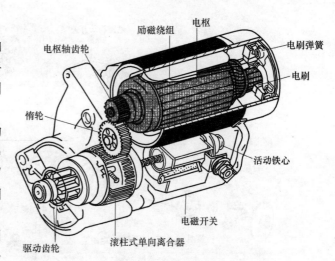

图 2-15 减速装置中内齿圈的结构

2. 平行轴式减速起动机

平行轴式减速起动机的结构如图 2-16 所示，主要包括电动机、平行轴减速装置、传动机构和控制装置。

（1）电动机 该电动机四个励磁绕组相互并联后再与电枢绕组串联，仍为串励式电动机，如图 2-17 所示。其基本部件与常规电动机相似，此处不再重复其工作原理。

（2）传动机构及减速装置 图 2-18 所示为减速装置中齿轮的啮合关系和传动机构中单向离合器示意图。滚柱式单向离合器设置在减速齿轮内毂，其内毂制成楔形空腔，传动导管装入时，将空腔分割成 5 个楔形腔室，腔室内放置滚柱和弹簧，平时在弹簧推力作用下，滚柱滚向楔形腔室窄端，传递动力时，由滚柱将传动导管和减速齿轮紧成一体。离合器的工作原理和常规起动机中的滚柱式单向离合器工作原理相同，此处不再进行分析。

图 2-16 平行轴式减速起动机的结构

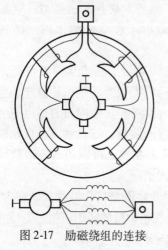

图 2-17 励磁绕组的连接

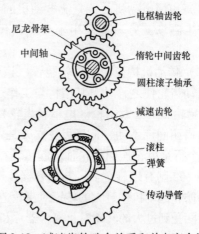

图 2-18 减速齿轮啮合关系和单向离合器

减速装置采用平行轴外啮合减速齿轮，该装置中设有3个齿轮，即电枢轴齿轮、惰轮中间齿轮及减速齿轮。从图2-18中可以看出，与常规起动机相比，该减速装置传动比较大，输出转矩也较大。

（3）控制装置及工作过程　图2-19所示为丰田花冠轿车的平行轴式减速起动机的结构及电路。

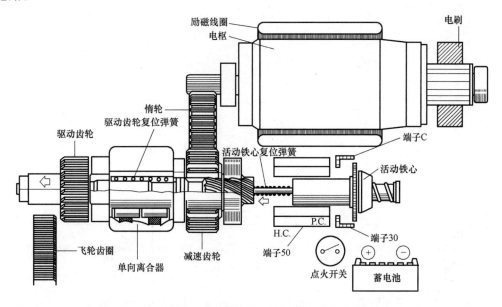

图2-19　平行轴式减速起动机的结构及电路
H.C.—保持线圈　P.C.—吸引线圈

其控制装置的结构与传统式电磁操作机构大致相同，不同之处在于活动铁心的左端固装挺杆，挺杆经钢球推动驱动齿轮轴，引铁右端绝缘地固装着接触片。起动机不工作时，触盘与触点分开，驱动齿轮与飞轮分离。其具体工作过程与前述电磁操作机构控制过程相似，此处不再重复。

九、典型起动系统电路

1. 上海帕萨特B5轿车起动机控制电路

如图2-20所示为上海帕萨特B5轿车起动机控制电路。

起动电路的工作情况是将点火开关D拨至起动档位，电磁开关的吸引线圈和保持线圈电路接通，其电路是：蓄电池正极→中央配电盒→起动机接线柱→吸引线圈→保持线圈→搭铁→蓄电池负极。由于吸引线圈、保持线圈通过电流后，使铁心产生吸力，吸动衔铁前移，接通电动机主电路使电枢通电旋转，产生的电磁转矩经传动机构（驱动齿轮）传给曲轴飞轮，起动发动机，同时吸引线圈断电。发动机起动后，点火开关退出起动档位，保持线圈电路切断，吸力消失，衔铁回位，起动机停止工作。

2. 别克君威轿车起动机控制电路

别克君威2.5GL、3.0GS起动机控制电路如图2-21所示。

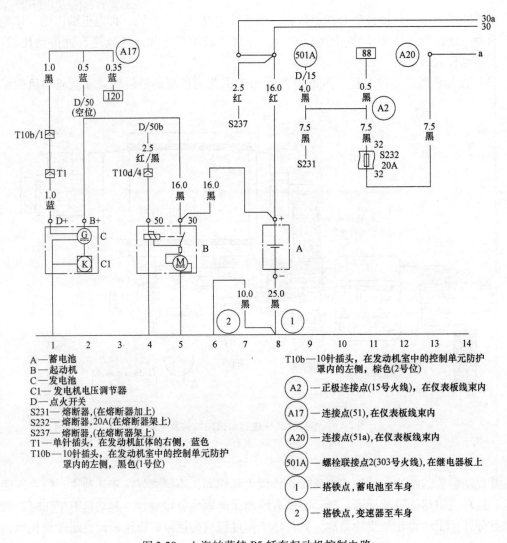

图 2-20 上海帕萨特 B5 轿车起动机控制电路

起动电路的工作情况是，当点火开关转到起动位置时，12V 电压从点火开关依次通过"起动档→驾驶室内熔断器盒的 A3-A4 熔断器→机罩下附件导线接线盒的 D9 端子→动力系统控制模块 PCM 插头 C3-23 端子"，作为起动信号。PCM 收到此信号后，其 C2-76 端子搭铁，位于机罩下附件导线接线盒内的起动继电器闭合工作（图中的"曲轴继电器"应为起动继电器），继电器线圈供电来自点火开关，继电器工作时，12V 电源经"曲轴熔断器 40A →起动继电器（图中"曲轴继电器"）触点→驻车/空档位置开关（PNP）→起动机电磁阀"后，起动机工作。

以下情况，PCM 收到起动信号后并不接通起动机：
1) 发动机起动 5s 后。
2) 起动机连续工作 15s。
3) 防盗口令不正确。

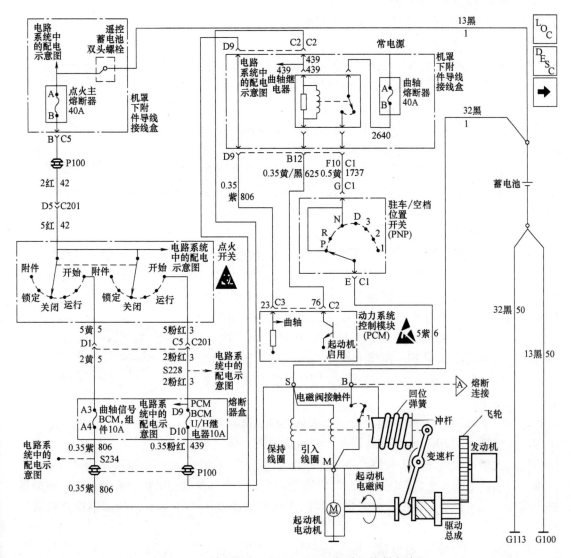

图 2-21 别克君威 2.5GL、3.0GS 起动机控制电路

任务实施

一、实施环境

1)汽车实训基地。
2)汽车整车 1 台。
3)万用表、呆扳手 1 套、一字及十字螺钉旋具各 4 个。

二、实施步骤

1. 起动机的检修

(1)电刷与电刷架的检修 检查电刷的高度,高度一般不应低于标准的 2/3,电刷的接触面积不应少于 75%,并且要求电刷在电刷架内无卡滞现象,否则需进行修磨或更换。用万用表的欧姆档或试灯法可检查绝缘电刷架的绝缘性。最后用弹簧秤测电刷弹簧的弹力，若不符合要求应予以更换或修理。

（2）励磁绕组的检修　励磁绕组的常见故障有接头脱焊、绕组短路、断路或搭铁等。接头脱焊故障在解体后可直接看到。绕组搭铁故障诊断可用万用表的欧姆档测量绕组端子与外壳之间的电阻，如果电阻很大，则无搭铁故障。将绕组放在电枢检验仪上可检查绕组匝间是否短路，如图 2-22 所示。检验仪通电 5min 后若绕组发热，则说明绕组有匝间短路。若绕组连接脱焊，应重新施焊，若绕组绝缘不良，应拆除旧绝缘层重新包扎并浸漆，烘干。

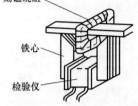

图 2-22　励磁绕组的检修

（3）电枢的检修

1）电枢绕组的检修：电枢绕组常见的故障是匝间短路、断路或搭铁，绕组接头与换向器铜片脱焊等。检查绕组是否搭铁，可用万用表欧姆档检测换向器铜片和电枢轴之间的电阻，电阻应足够大。检查电枢绕组匝间是否短路，如图 2-23 所示，接通感应仪的电源，并将钢片放在电枢铁心上方的线槽上，若电枢中有短路，则在电枢绕组中将产生感应电流，钢片在交变磁场的作用下，在槽上振动，由此可判断电枢绕组中的短路故障。电枢绕组若有短路、搭铁故障，则需重新绕制，并浸漆、烘干。

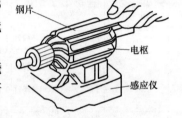

图 2-23　电枢绕组的检修

2）换向器的检修：换向器故障多为表面烧蚀、云母片突出等。轻微烧蚀用 30 号砂纸打磨即可。严重烧蚀或失圆（径向圆跳动大于 0.05mm 视为失圆）时应精加工，但加工后换向器铜片厚度不得小于 2mm。云母片如果高于铜片也应车削修整，云母片是否过低要看具体的起动机。有的起动机换向器的云母片要低于铜片，在检修时若换向器铜片间槽的深度小于 0.2mm，就需用锯片将云母片割低至规定的深度。

3）电枢轴的检修：电枢轴的常见故障是弯曲变形，检测方法如图 2-24 所示。电枢轴径向圆跳动应不大于 0.15mm，否则应校直。

（4）电磁开关的检修　电磁开关的常见故障一般是吸引线圈和保持线圈断路、短路和搭铁，接触盘及触点表面烧蚀等。线圈是否断路、搭铁，可用万用表欧姆档通过测量电阻来检查，如果线圈不良，应予以重绕或更换。接触盘及触点表面烧蚀轻微的可以用锉刀或砂布修整。如果回位弹簧过弱应予以更换。

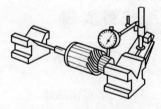

图 2-24　电枢轴的检修

（5）单向离合器的检修　单向离合器常见的故障是打滑，可以用扭力扳手检测单向离合器的转矩，若转矩小于规定值，说明单向离合器打滑，应予以更换。对于摩擦片式单向离合器，如果转矩偏小，可以通过调整压环前的垫圈厚度使其达到要求。

2. 起动机的试验

起动机性能是否良好，可通过空载试验和全制动试验来检验。

（1）空载试验　将起动机夹紧，接通起动机电路，如图 2-25 所示，起动机应运转均匀，电刷无火花。如果电流大于标准而转速低于标准,则可能是起动机装配过紧,电枢绕组、励磁绕组有短路或搭铁故障,如果电流和转速都低于标准,则说明起动机内部电路有接触不良之处。

注意:每次空载试验不应超过1min,以免起动机过热。

(2) 全制动试验 全制动试验是在空载试验通过后,再通过测量起动机全制动时的电流和转矩来检验起动机的性能。试验在万能试验台上进行,通电后迅速记下电流表、弹簧秤和电压表的读数。如果电流大而转矩

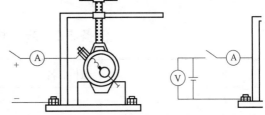

图 2-25 起动机空载实验

小,则表明励磁绕组或电枢绕组有短路或搭铁不良故障;如果转矩和电流都小,则表明起动机内接触电阻过大;如果试验过程中电枢轴有缓慢转动,则说明单向离合器打滑。注意全制动试验要动作迅速,一次试验时间不要超过5s,以免烧坏电动机及对蓄电池使用寿命造成不利影响。

3. 起动机的使用与维护

(1) 起动机的使用注意事项

1) 起动机是按短时间工作的要求设计的,工作时短且电流很大,一般为几十到几百安,有些柴油机则高达1000A,因此每次接通起动机的时间不应超过5s,重复起动时应停歇2min,连续第三次起动时,应在检查排除故障的基础上停歇15min后再使用,否则会严重影响蓄电池和起动机的使用寿命。

2) 冬季和低温地区冷车起动时,应先预热发动机,然后再使用起动机。

3) 起动发动机时,应踩下离合器踏板或将变速杆置于空档,严禁挂档起动来移动车辆。

4) 发动机起动后,应立即松开点火开关或起动按钮,使起动机停止工作,以减小单向离合器不必要的磨损。

5) 发动机工作时,严禁将点火开关拧至起动档,一般点火开关上设有防起动保护,发动机工作时起动机不能工作。

6) 当发动机连续几次不能起动时,应对起动电路以及发动机有关系统进行检查,排除故障后再起动。

7) 发动机起动后,如起动机不能停转,应立即关闭电源总开关,或拆除蓄电池搭铁线,查找故障。

(2) 起动机的维护要点

1) 经常检查起动电路各导线连接是否牢固,绝缘是否良好。

2) 经常保持起动机机体和各部件的清洁干燥。

3) 汽车每行驶 5000~6000km 后,应检查电刷的磨损程度及电刷弹簧压力。

4) 经常检查传动机构和控制装置的活动部件,并按规定加以润滑。

5) 起动机一般每年应进行一次维护性检修,可视实际情况适当地缩短或延长。

任 务 工 单

任务 2-1　起动机的认知与修理

班　级		姓　名		学　号	
地　点				等　级	

任务目的	

| 任务过程 | 1. 任务知识认知
1）起动机的作用是什么？由哪几部分组成？各部分的作用是什么？
_____
_____
_____
_____
2）直流电动机由_____、_____、_____、_____与_____等组成。
3）电枢总成用来产生_____，磁极用来产生_____，电刷与电刷架将_____引入电枢，使电枢产生连续转动。
4）_____是起动机转轴与驱动齿轮之间传递力矩的装置。它的作用是：_____。
5）丰田汽车公司的行星齿轮式直流起动机的结构如图所示。主要由 1—电磁开关、2—活动铁心罩、3—传动杆（拨叉）、4—驱动机构外壳、5—行星齿轮、6—驱动齿轮、7—内齿轮、8—缓冲器壳、9—板垫圈、10—止动套圈、11—压板、12、13—垫圈、14—中间轴承、15、17—弹簧卡环、16—单向离合器、18—换向器端盖、19—电刷架、20、23—O 形环、21—贯穿螺栓、22—_____、24—_____组成。 |

(续)

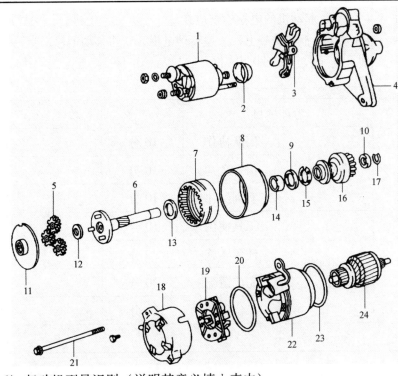

6）起动机型号识别（说明其意义填入表中）。

起动机型号：QD124

序号	代表的含义
QD	
1	
2	
4	

7）电磁操作机构主要由_____、_____、_____、_____等组成。

2. 起动机的检修

1）拆下起动机电刷，换向器表应无_____现象，电刷在电刷架内应活动自如，电刷与换向器的接触面积不应小于____，电刷长度不应小于新电刷的_____。电刷弹簧的张力应在合理范围之间。你的检查结果是：_____。

2）用万用表欧姆档检测绝缘电刷架的电阻，应为____，否则表示_____，应_____。你的检测结果是：_____。用万用表的欧姆档测量绕组端子与外壳之间的电阻，应为____，否则表示_____，应_____。你的检测结果是：_____。

（续）

任务过程	3）起动机的电枢检查应在＿＿＿＿上进行，当感应仪通电后，将钢片置于电枢的铁心上，一边转动电枢，一边移动钢片，当钢片在某一部位产生振动时，说明电枢＿＿＿＿，应＿＿＿＿。你的检测结果是：＿＿＿＿。				
考核评价		考评项目	分 值	教师考核	备 注
	素质考评	团队协作	10分		
		语言表达	10分		
		实训纪律	10分		
	过程考评	工具使用	10分		
		任务实施	30分		
		完成情况	20分		
		工位整理	10分		
	合　计				

任务 2-2　起动系统的故障诊断与检修

任务导入

汽车起动系统是汽车的重要组成部分，汽车正常行驶首先要保证汽车能顺利起动。为此，对一名合格的汽车维修技师来说，必须掌握起动系统常见故障的诊断及排除方法。

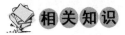任务分析

本单元讲述了起动机不转、起动机起动无力、起动机空转、搭铁线接触不良导致起动机转速低等汽车起动系统常见故障的诊断及排除方法。

相关知识

一、起动机不转

1. 发动机不能起动故障现象与故障原因

发动机不能起动的故障诊断流程如图 2-26 所示。

以有起动继电器的起动系统为例，起动时，若起动机不转动，无动作迹象，可能故障如下：

1）电源故障：蓄电池严重亏电或极板硫化、短路等，蓄电池接线柱脏污与线夹接触不良，起动电路导线连接处松动而接触不良等。

2）起动机故障。换向器与电刷接触不良，励磁绕组或电枢绕组有断路或短路，绝缘电刷搭铁。

3）电磁开关线圈断路、短路、搭铁或其触点烧蚀而接触不良等。

4）起动继电器故障。起动继电器线圈断路、短路、搭铁或其触点接触不良。

5）点火开关故障。点火开关接线松动或内部接触不良。

6）起动系统电路故障。起动电路中有断路、导线接触不良或松脱等。

7）电磁开关主触点因烧蚀或调整不当而不能闭合。

2. 起动机不工作故障诊断流程

在确保蓄电池有电，起动机电磁开关各接线以及各搭铁线接触良好的前提下，按图 2-27 所示进行故障诊断。

二、起动机起动无力

1. 故障现象与故障原因

起动时，起动机转速明显偏低甚至停转，可能有如下故障：

1）电源故障：蓄电池亏电或极板硫化短路，起动电源导线连接处接触不良等。

2）起动机故障：换向器与电刷接触不良，电磁开关接触盘和触点接触不良，电动机励磁绕组或电枢绕组有局部短路等。

3）发动机起动阻力过大，如大小轴瓦太紧及缸壁间隙过小等。

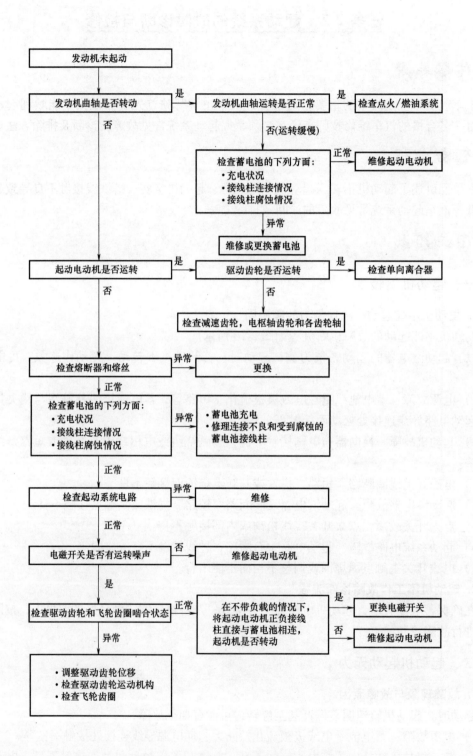

图 2-26 发动机不能起动故障诊断流程

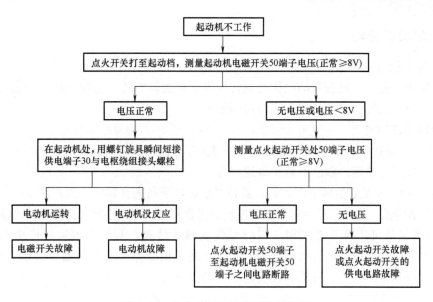

图 2-27　起动机不工作故障诊断流程

2. 故障诊断流程

如果出现起动机运转无力,首先检查起动机电源,如果起动机电源无问题,则应拆检起动机。在起动机中首先检查电磁开关接触盘、换向器与电刷的接触情况,其次检查励磁绕组和电枢绕组。诊断流程如图 2-28 所示。

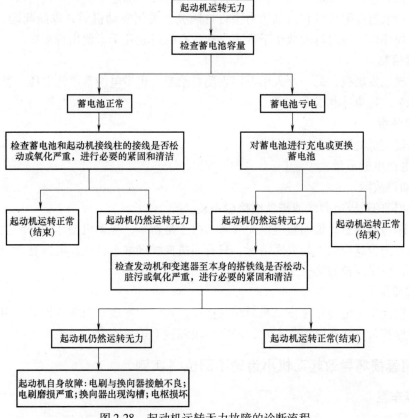

图 2-28　起动机运转无力故障的诊断流程

三、起动机空转

1. 故障现象与故障原因

接通起动开关后,只有起动机快速旋转而发动机曲轴不转。这种症状表明起动机电路畅通,故障在于起动机的传动装置和飞轮齿圈等处。

2. 故障诊断方法

1) 若在起动机空转的同时伴有齿轮的撞击声,则表明飞轮齿圈牙齿或起动机驱动齿轮牙齿磨损严重或已损坏,致使不能正确地啮合。

2) 起动机传动装置故障有单向离合器弹簧损坏,单向离合器滚子磨损严重,单向离合器套管的花键槽锈蚀。这些故障会阻碍驱动齿轮的正常移动,造成不能与飞轮齿圈准确啮合等。

3) 有的起动机传动装置采用一级行星齿轮减速装置,其结构紧凑、传动比大、效率高,但使用中常会出现载荷过大而烧毁卡死。有的采用摩擦片式离合器,若压紧弹簧损坏,花键锈蚀卡滞和摩擦离合器打滑,也会造成起动机空转。

四、搭铁线接触不良导致起动机转速低(实例)

1. 故障车型

捷达 GTX。

2. 故障症状

因起动机转速低而无法起动车辆。还曾出现过行驶中加速滞后,排气管放炮等现象,并同时出现冷却液温度警告灯和机油压力警告灯闪亮。关闭发动机后,重新起动,恢复正常。此故障没有规律性,有时行驶数十千米不出现,有时行驶几千米便出现多次。

3. 故障检测

一个人起动发动机,另一个人用万用表测量给起动机供电的蓄电池电压,蓄电池空载时电压为 12.2V,起动时电压为 12V。

4. 故障分析

起动机转速低的原因有:

1) 蓄电池电能不足。

2) 起动机故障。

3) 起动机的正极电源线或搭铁线接触不良。

通过故障检测测量,说明蓄电池无故障。由于是新车,起动机损坏的可能性不大。考虑到警告灯同时报警反应的不是真实情况,只有当搭铁线接触不良或发电机有整流管击穿故障时才会发生,所以应检查第三个原因。

5. 故障排除

检查蓄电池负极电缆接至发动机后端的搭铁位置时,发现紧固螺栓松动,用手就能拧下来。把此螺栓拧紧,将车辆交付用户,经电话跟踪,上述故障再未出现。

五、铜套损坏导致起动机小齿轮不回位(实例)

1. 故障车型

捷达 GIX。

2. 故障症状

发动机起动后，起动机驱动齿轮不回位，并且有齿轮继续啮合的异响，有时起动机打滑空转。

3. 故障检测

拆下起动机，检查飞轮齿圈和驱动齿轮未见异常。

4. 故障分析

起动机驱动齿轮不回位的原因有：

1) 飞轮齿圈或驱动齿轮的轮齿损坏。
2) 起动机损坏。
3) 起动机驱动齿轮端的铜套过度磨损。

捷达起动机驱动齿轮端的铜套轴承安装在离合器壳体上，如果因磨损松动，则会改变起动机驱动齿轮与曲轴的中心距，当起动机转动时，会使驱动齿轮与齿圈卡住。

5. 故障排除

观察离合器壳体上的铜套轴承，发现严重磨损，有一侧已经露出离合器壳体。由于此铜套不作为备件供应，因而另加工一个铜套，镶到离合器壳体上并加适量润滑脂，将维护过的起动机装到车上，试车后故障排除。

六、电刷过度磨损导致起动机不转动（实例）

1. 故障车型

捷达 GTX。

2. 故障症状

用户陈述近几天起动机转速低或者不转，发动机起动困难。

3. 故障检测

将点火开关置于起动档，起动机无反应。测量起动机电磁开关插头与搭铁间电压为 12.5V，说明起动机 50 号线没问题；测量起动机正极电缆线，接线良好。

4. 故障分析

起动机不转动的故障原因有：

1) 蓄电池电能不足。
2) 点火开关的起动触点接触不良。
3) 起动机正极电源线有故障。
4) 起动机搭铁线有故障。
5) 起动机故障。

对以上前四项已进行了检查，分析故障应在起动机本身。

5. 故障排除

拆下起动机进行分解，测量电磁开关线圈、电枢线圈、励磁绕组没问题。测量电刷时发现电刷长度小于了极限值，从而导致直流电机无法通电，更换电刷，故障排除。

 任务实施

一、实施环境

1）汽车实训基地。
2）东风 EQ1090 型汽车或教学整车 1 台。
3）万用表、呆扳手 1 套、一字及十字螺钉旋具各 4 个、拆检工具 4 套。

二、实施步骤

典型汽车起动系统故障诊断与排除方法将以东风 EQ1090 型汽车起动系统为例进行说明。

东风 EQ1090 型汽车起动系统主要由 QD124 型电磁操纵式起动机、起动继电器、电源及点火开关等组成，其起动系统控制电路如图 2-29 所示，QD124 型起动机驱动齿轮接通时刻的行程示意图如图 2-30 所示。起动系统常见故障有接通起动开关起动机不转、空转、运转无力和驱动齿轮与飞轮齿圈发出撞击声等，现对起动系统故障诊断与排除方法进行分析。

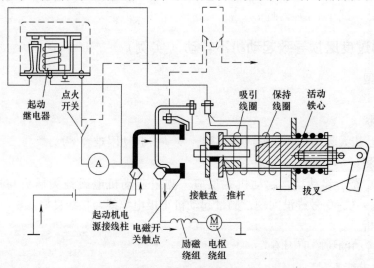

图 2-29　东风 EQ1090 型汽车起动系统控制电路

1. 起动机不运转

（1）故障现象　将点火开关置于起动档，起动机不运转。
（2）故障原因
1）蓄电池容量不足或起动机电路导线连接松动，接触不良或断路。
2）起动继电器触点烧蚀或线圈断路。
3）电磁开关的触点烧蚀或其吸引线圈断路。
4）直流电动机内部绕组断路或短路。
5）起动机的电枢轴弯曲，轴与轴承间隙过紧。
6）换向器烧蚀，电刷磨损严重，电刷在电刷架内卡住或电刷弹簧过软等。

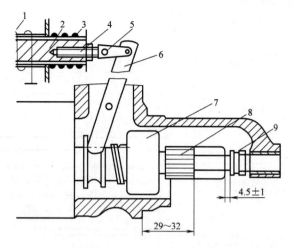

图 2-30　QD124 型起动机驱动齿轮接通时刻的行程示意图
1—保持线圈　2—活动铁心　3—复位弹簧　4—推杆　5—连接杆　6—拨叉
7—单向离合器　8—驱动齿轮　9—止推垫圈

(3) 故障诊断与排除

1) 检查电源。按喇叭或开前照灯，如果喇叭声音小或嘶哑，灯光比平时暗淡，说明电源有问题。应先检查蓄电池接线柱与线夹及起动电路导线接头处是否有松动，触摸导线连接处是否发热。若某连接处松动或发热，则说明该处接触不良。如果电路连接无问题，则应对蓄电池进行检查。

2) 检查起动机。如果判断电源无问题，用螺钉旋具将起动机电磁开关上连接蓄电池的接线柱和电动机导电片的接线柱（两个电磁开关触点）短接，如果起动机不转，则说明是电动机内部有故障，应拆检起动机；如果起动机空转正常，则进行后面的检查步骤。

3) 检查电磁开关。用螺钉旋具将电磁开关上连接起动继电器的接线柱与连接蓄电池的接线柱短接，若起动机不转，则说明起动机电磁开关有故障，应拆检电磁开关；如果起动机运转正常，则说明故障在起动继电器或有关的电路上。

4) 检查起动继电器。用螺钉旋具将起动继电器上的两触点短接，若起动机转动，则说明起动继电器内部有故障，否则故障在起动继电器与起动机之间的电路。

5) 检查点火开关及电路。将起动继电器的蓄电池正极与起动继电器线圈用导线直接相连，若起动机能正常运转，则说明故障在起动继电器线圈至点火开关的电路中，可对其进行检修。

东风 EQ1090 型汽车起动机不运转故障的诊断流程如图 2-31 所示。

2. 起动机运转无力

(1) 故障现象　将点火开关旋至起动档，驱动齿轮发出"咔哒"声向外移出，但是起动机不转或运转缓慢无力。

(2) 故障原因

1) 蓄电池存电不足或有短路故障。

2) 电动机主电路电阻增大使起动机工作电流减小。

3) 磁场绕组或电枢绕组局部短路使起动机输出功率降低。

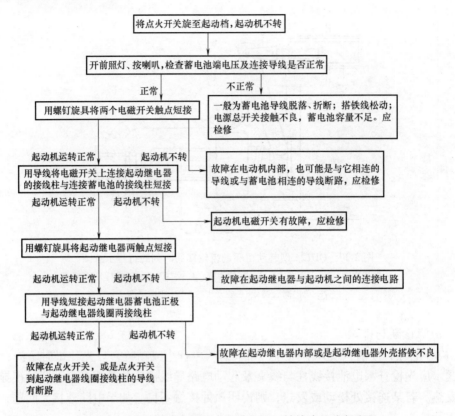

图 2-31　东风 EQ1090 型汽车起动机不运转故障的诊断流程

4）起动机轴承过松或过紧。

5）发动机装配过紧或因环境温度很低而导致起动阻力矩过大。

(3) 故障诊断与排除

1）首先检查蓄电池容量和电源导线的连接情况,确认蓄电池容量是否足够,线路连接是否良好。

2）若蓄电池容量足够并且和电源导线连接良好,故障依然存在,要区分故障在起动机或发动机本身还是在电磁开关,用螺钉旋具短接起动机电磁开关的两个触点,若短接后起动有力且运转正常,说明起动机电磁开关内触点和接触盘接触不良;若短接后起动机仍然运转无力,可能电动机有故障,例如电刷和换向器之间电阻过大或接触不良,单向离合器打滑等,需进一步检修。如果在接通起动开关后,起动机有连续的"咔嗒"声,而短接起动机电磁开关的两个触点,起动机转动正常,说明电磁开关保持线圈断路或短路。应更换电磁开关。

3. 起动机空转

(1) 故障现象　接通点火开关起动档,起动机只是高速空转,不能带动发动机运转。

(2) 故障原因　单向离合器打滑或损坏;拨叉变形或拨叉连动机构松脱;起动机驱动齿轮与飞轮齿圈之间的行程调整不当,或驱动齿轮不能自由活动;电磁开关铁心行程太短;起动机驱动齿轮或发动机飞轮齿圈严重磨损或打坏。

(3) 故障诊断与排除

1) 起动机空转时转速很高，虽然驱动齿轮已与飞轮齿圈啮合，但不能带动飞轮旋转，可听到"嗡嗡"的高速旋转声，无碰齿声音，一般为单向离合器打滑或损坏。可先用手正反向转动驱动齿轮，若均能转动，属于滚柱式单向离合器失效，一般损坏的原因是楔形槽和滚柱磨损过多而引起，应更换单向离合器总成。

2) 起动机空转如有严重的碰擦轮齿的声音，说明飞轮齿圈或起动机驱动齿轮严重磨损，应拆下起动机进一步检查，根据实际情况更换驱动齿轮或飞轮齿圈。

3) 起动机空转如有较轻的摩擦声音，即驱动齿轮没有和飞轮齿圈啮合，电磁开关就提前接通，说明铁心行程太短，应拆下起动机，进行起动机接通时刻行程的调整，如图 2-30 所示，驱动齿轮原始端面与端盖凸缘之间距离应为 29~32mm；驱动齿轮的原始位置可通过调节螺钉进行调整，当电磁开关接触盘接通两个触点时，驱动齿轮端面与止推垫圈之间的距离应为 1.5~2.5mm。

4) 若起动时伴有撞击声，应检查拨叉连动机构是否松脱，起动机固定螺栓是否松动。

4. 起动机运转不停

（1）故障现象　发动机起动后出现尖叫声，起动机被反拖高速旋转不能停下，或起动后较长时间起动机才停止运转。

（2）故障原因

1) 起动机的单向离合器卡死。

2) 起动机安装不当，齿侧间隙过小。

3) 起动机驱动齿轮缓冲弹簧弹力过弱或折断。

4) 起动继电器触点或电磁开关触点烧结焊死。

（3）故障诊断与排除　点火开关断开时，起动机仍运转不停，应立即切断电源熄火，否则会损坏起动机。此故障一般是起动继电器触点或电磁开关触点烧结所致，应检修排除电路不能断开的故障，再检查齿侧间隙是否过小（此故障在起动后，较长时间有类似远方警笛鸣叫的齿轮啮合声）、单向离合器是否卡死（此故障有尖叫声）、缓冲弹簧是否折断或过软等机械故障，应根据情况予以修理和排除。

5. 驱动齿轮与飞轮齿圈撞击

（1）故障现象　起动发动机时，驱动齿轮与飞轮齿圈不能啮合而发出撞击声，出现打齿现象。

（2）故障原因

1) 起动机驱动齿轮或发动机飞轮齿圈严重磨损或打坏。

2) 驱动齿轮端面与端盖凸缘间的距离过小，当驱动齿轮与飞轮齿圈尚未啮合或刚刚啮合时，电动机主电路已接通，由于驱动齿轮在高速旋转过程中与静止的飞轮齿圈撞击，因此会发出强烈的打齿声。

（3）故障诊断与排除　检查驱动齿轮与飞轮齿圈的磨损情况，根据实际情况更换驱动齿轮或飞轮齿圈；检查驱动齿轮端面与端盖凸缘间的间隙。对起动主电路接通时刻按规定进行调整。

6. 电磁开关触点吸合不牢

（1）故障现象　当接通起动开关时，起动机的活动铁心产生连续不断地往复运动而发出"嗒嗒"的声音。

(2) 故障原因

1) 蓄电池亏电或起动电源电路有接触不良之处。

2) 起动继电器断开电压过高。

3) 电磁开关保持线圈断路、短路或搭铁不良。

(3) 故障诊断与排除　先检查起动电源电路连接是否良好，若无问题，可将起动继电器蓄电池正极接线柱和电磁开关连接起动继电器的接线柱短接，如果起动机能正常运转，故障为起动继电器断开电压过高，应予以调整。如果短接后故障依然存在，用万用表检测蓄电池电压，接通起动机时，其电压不得低于9.6V，如电压过低，应进行补充充电。如果充足电故障仍不能消除，应检修或更换电磁开关。

任 务 工 单

任务 2-2 起动系统的故障诊断与检修

班 级		姓 名		学 号	
地 点				等 级	
任务目的					
任务过程	分析 2015 款捷达轿车起动机不工作的可能原因，如何检测？请记录检测结果。 （1）请画出 2015 款捷达轿车起动机控制电路 （2）起动机不工作可能原因 （3）就车检测 （4）取下起动机检测				

(续)

	考评项目		分 值	教师考核	备 注
考核评价	素质考评	团队协作	10分		
		语言表达	10分		
		实训纪律	10分		
	过程考评	工具使用	10分		
		任务实施	30分		
		完成情况	20分		
		工位整理	10分		
	合　　计				

本项目小结

本项目讲述了起动机的结构、工作原理、工作特性及起动机的检修，要求学生掌握起动机的结构及工作原理，能正确拆装起动机，能正确检修起动机总成及零部件，同时能对起动系统常见的故障进行分析，主要有起动机不运转、起动机起动无力、起动机空转、起动机运转不停等，能分别从故障现象、故障原因及故障诊断的思路掌握汽车起动系统常见故障的诊断及排除方法。

思考题

1）汽车起动系统由哪几部分组成？
2）起动机的组成有哪几部分？分别有什么作用？
3）简述起动机的就车检测方法。
4）简述起动机检修各个零部件的检修方法。
5）请阐述汽车起动系统常见故障及其故障的诊断方法。

项目3　汽车照明和信号系统的检修

学习目标

1. 知识目标
（1）熟知照明与信号系统的作用，知道其各自的使用方法
（2）熟知几种照明与信号系统的结构组成及工作原理
（3）懂得各种照明与信号系统的电路分析方法

2. 能力目标
（1）能够分析照明与信号系统的电器和电路
（2）能够诊断典型车型照明与信号系统的常见故障
（3）能够通过分析电路图对典型车型的照明与信号系统进行检修

任务3-1　照明系统的检修

任务导入

汽车的品牌和种类繁多，照明系统中电器的组成、数量也不相同，其安装位置、接线方式、接线方法也各有差异，但不论是国产汽车还是进口汽车，其照明系统都遵循一定的规律。

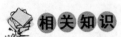任务分析

本单元讲述了汽车照明系统各部件的组成、原理及检修方法，要求学生能独立完成汽车照明系统各部件拆装、维护及检修。

相关知识

一、汽车照明系统

汽车照明系统是汽车夜间行驶必不可少的照明设备，为了确保夜间行车的安全，汽车上装有多种照明设备用于夜间行车照明、车厢照明及检修照明。汽车照明系统根据安装位置和用途不同，一般可分为外部照明装置和内部照明装置。汽车照明灯的种类、特点及用途见表3-1。

表3-1　汽车照明灯的种类、特点及用途

种类	外部照明灯			内部照明灯		
	前照灯	雾灯	牌照灯	顶灯	仪表灯	行李箱灯
工作时的特点	白色常亮 远近光变化	黄色或白色 单丝常亮	白色 常亮	白色 常亮	白色 常亮	白色 常亮

(续)

种类	外部照明灯			内部照明灯		
	前照灯	雾灯	牌照灯	顶灯	仪表灯	行李箱灯
用途	为驾驶人安全行车提供保障	雨、雪、雾天保证有效照明及提供信号	用于照亮汽车尾部牌照	用于夜间车内照明	用于夜间观察仪表时的照明	用于夜间拿取行李物品时的照明

(1) 前照灯　前照灯如图 3-1 所示。前照灯装在汽车头部的两侧，用于夜间或光线昏暗路面上汽车行驶时的照明，有两灯制和四灯制之分。为了确保夜间行车的安全，前照灯应保证车前有明亮而均匀的照明，使驾驶人能够辩明车前 100m（或更远）内道路上的任何障碍物。前照灯应具有防眩目的装置，以免夜间会车时，使对方驾驶人目眩而发生事故。

(2) 雾灯　雾灯安装在车头和车尾，如图 3-2 所示。雾灯位置比前照灯稍低，装于车头的雾灯称为前雾灯，装于车尾的雾灯称为后雾灯，光色为黄色或橙色（黄色光波较长，透雾性能好）。雾用于有雾、下雪、暴雨或尘埃等恶劣条件下改善道路照明情况。

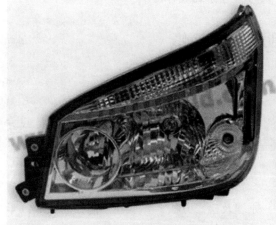

图 3-1　前照灯

图 3-2　雾灯

(3) 牌照灯　牌照灯用于照亮尾部车牌，当尾灯点亮时，牌照灯也点亮。

(4) 顶灯　顶灯用于车内乘客照明，但必须不致使驾驶人眩目。通常客车顶灯都位于驾驶室中部，使车内灯光分布均匀。

(5) 仪表灯　仪表灯用于夜间照亮仪表盘，使驾驶人能看清仪表。尾灯点亮时，仪表灯也同时点亮。有些车还加装了灯光控制变阻器，使驾驶人能调整仪表灯的亮度。

(6) 行李箱灯　行李箱灯是为行李箱提供照明的小灯。

由于前照灯在所有照明系统中具有特殊的光学性质，所以对于汽车照明系统的维护和检修，掌握前照灯的结构和电路原理尤为重要。

二、汽车前照灯

1. 汽车前照灯的结构

汽车前照灯一般由光源（灯泡）、反光镜、配光镜（散光镜）三部分组成。

目前汽车前照灯所用的灯泡有普通灯泡（白炽灯泡）和卤素灯泡，两种灯泡的灯丝均采用熔点高、发光强的钨丝，如图3-3所示。

普通灯泡灯丝用钨丝制成，玻璃泡内抽出空气，然后充以86%的氩气和约14%的氮气的混合惰性气体以减少钨丝受热蒸发，延长其使用寿命。灯丝制成紧密的螺旋状，灯泡在长期使用后发黑，表明灯丝的损耗依然存在，惰性气体并不能完全阻止钨丝的蒸发。卤素灯泡是在惰性气体中加入了一定量的卤族元素（如碘、溴），使得从灯丝上蒸发出来的气态钨与卤族元素反应生成一种挥发性的卤化钨，在扩散到灯丝附近的高温区域后又受热分解，使钨重新回到灯丝上，如此循环防止了钨的蒸发和灯泡黑化的现象。白炽灯泡发光效率一般为 8~12lm/W，卤素

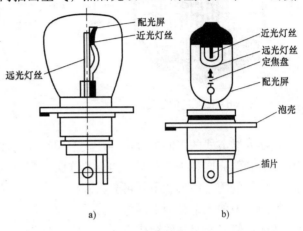

图3-3　前照灯的灯泡
a）普通灯泡（白炽灯泡）　b）卤素灯泡

灯泡发光效率可达 18~20lm/W，比白炽灯泡高20%以上。由于卤素灯泡体积小、耐高温、发光强度高、使用寿命长，故而目前得到广泛的应用。

反射镜的表面形状呈旋转抛物面状，如图3-4所示，一般由0.6~0.8mm的薄钢板冲压而成或由玻璃、塑料制成。其内表面镀银、铝或铬，然后抛光处理。目前反射镜内面采用真空镀铝的较多。反射镜的作用是将灯泡的散射（直射）光反射成平行光束，使光照强度增强几百倍乃至上千倍，以保证汽车前方 150~400m 范围内有足够的照明，如图3-5所示。

图3-4　半封闭式前照灯的反射镜

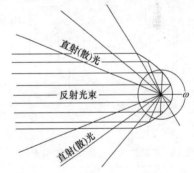

图3-5　反射镜的作用

配光镜又称为散光玻璃，由透光玻璃压制而成，是多块特殊棱镜和透镜的组合，外形一般为圆形和矩形，如图3-6所示。

配光镜的作用是将反射镜反射出的平行光束进行折射，使车前的路面有良好而均匀的照明，如图3-7所示。

2. 汽车前照灯的类型

按照安装数量的不同可分为两灯制前照灯和四灯制前照灯。前者每只灯具有远、近光双光束；后者外侧一对灯为远、近双光束，内侧一对灯为远光单光束。

图 3-6 配光镜的结构

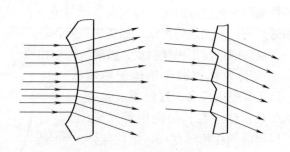

图 3-7 配光镜的作用

按照安装方式的不同可分为外装式前照灯和内装式前照灯。前者整个灯具在汽车上外露安装；后者灯壳嵌装于汽车车身内，装饰圈、配光镜裸露在外。

按照灯的配光镜形状不同可分为圆形、矩形和异形前照灯三类。

按照发射的光束类型不同可分为远光前照灯、近光前照灯和远近光前照灯三类。

按前照灯光学组件的结构不同，可将其分为以下几种：

(1) 可拆式前照灯　该种前照灯气密性差，反射镜易受湿气和尘埃污染而降低反射能力，严重降低照明效果，目前已很少采用。

(2) 半封闭式前照灯　其结构如图 3-8 所示。

(3) 封闭式前照灯　其结构如图 3-9 所示。

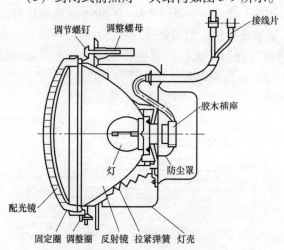

图 3-8 半封闭式前照灯的结构

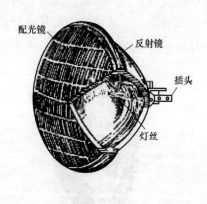

图 3-9 封闭式前照灯的结构

(4) 投射式前照灯　其结构如图 3-10 所示，投射式前照灯的反射镜近似于椭圆形状，灯泡为卤钨灯泡它具有两个焦点，第一焦点处放置灯泡，第二焦点由凸形配光镜聚成，配光镜将聚集的光投射到前方，第二焦点附近设有遮光板，可遮挡上半部分光，形成明暗分明的配光。由于它的这种配光特性，因此也可用于雾灯。

(5) 其他形式的前照灯

1) 氙灯。氙灯是一种含有氙气的新型前照灯，又称为高强度放电灯或高压气体放电灯 (High Intensity Discharge Lamp, HID)。氙灯结构如图 3-11 所示，这种灯的灯泡里没有灯丝，取而代之的是装在石英管内的两个电极,管内充有氙气及微量金属(或金属卤化物)。在电极上加上 5000~12000V 电压后,气体开始电离而导电,气体原子激发到电极间,少量水银蒸气弧光放电,最后卤化物弧光灯开始工作,氙灯采用多种气体是为了加快起动。

氙灯灯泡的光色和荧光灯相似,亮度是目前卤钨灯泡的 2.5 倍,寿命是卤钨灯泡的 5 倍,灯泡的功率为 35W,相比卤钨灯泡可节能 40%。

2) LED 车灯。LED 车灯是指采用 LED (发光二极管) 为光源的车灯。外部照明设备涉及热极限与 EMC 问题,同时还有卸载、负载测试的许多复杂标准。LED 车灯使用寿命约为 5 万 h,且结构坚固,不容易受振动影响,使用过程中光的输出亮度也不会明显下降,因此 LED 车灯适合于汽车电子的各种照明应用,包括前照灯(远光灯和近光灯)、雾灯、尾灯、制动灯、转向信号灯、白天行车灯、踏板照明灯、仪表灯、牌照灯、车门灯、车内照明灯、示廓灯、导航和娱乐系统背光灯及指示灯等。

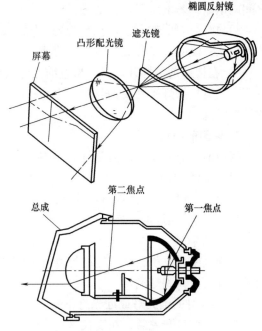

图 3-10 投射式前照灯的结构

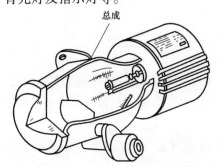

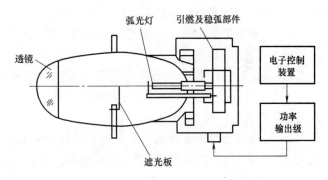

图 3-11 氙灯结构

三、照明系统的常见故障与检修

照明系统的常见故障有灯泡灯丝烧坏、电路中熔丝、控制开关有断路、短路或接触不良而使灯不亮等。下面介绍前照灯常见故障及故障检修方法。

1. 两侧前照灯均不亮

接通前照灯开关后,两侧前照灯的远光灯和近光灯均不亮。

(1) 故障原因

1) 前照灯灯泡均已烧坏。

2) 灯光开关或变光开关故障。

3) 电路连接(插接器)及搭铁不良。

（2）故障检修

1）检查灯光开关电源端电压，应为蓄电池电压。若无电压，应检修灯光开关到蓄电池之间的电路；若电压正常，则进行下一步检修。

2）接通前照灯开关（远光灯或近光灯），检查灯光开关至远光灯或近光灯输出端电压。若无电压，说明灯光开关故障，拆检或更换灯光开关；若电压正常，则进行下一步检查。

3）在接通前照灯开关时，检查前照灯线束插头两端子与搭铁间电压。若电压均低或无电压，则需检修灯光开关到前照灯之间的电路；若电压正常，则应检查前照灯灯泡和前照灯的搭铁情况。

2. 单侧前照灯不亮

接通前照灯开关后，前照灯的一侧远光灯和近光灯均不亮。

（1）故障原因

1）单侧前照灯灯泡或灯丝烧坏。

2）单侧前照灯电路连接或搭铁不良。

（2）故障检修 接通前照灯开关时，检查不亮侧前照灯线束插头两端子与搭铁间电压。若电压均低或无电压，则需检修灯光开关到前照灯之间的电路；若电压正常，则需检查不亮侧前照灯的搭铁和灯泡。

3. 前照灯的远光灯或近光灯不亮

接通前照灯开关后，在变换远近光时，两侧前照灯的远光灯或近光灯不亮。

（1）故障原因

1）灯光开关或变光开关故障。

2）前照灯远光灯灯丝或近光灯灯丝烧断。

3）变光开关至前照灯的远光灯电路或近光灯电路连接不良。

（2）故障检修

1）接通前照灯开关，变换为远光或近光，检查灯光开关至远光灯或近光灯输出端电压。若无电压，说明灯光开关或变光开关故障，拆检或更换左组合开关；若电压正常，则进行下一步检查。

2）接通前照灯远光或近光，测量前照灯插头的远光灯或近光灯输入端子，若电压低或无电压，则需检修变光开关至前照灯的电路；若电压正常，则需拆检前照灯。

4. 两侧前照灯亮度不一致

接通前照灯开关后，两侧前照灯的远光灯或近光灯一边亮、一边暗。

（1）故障原因

1）一侧前照灯灯泡不良或前照灯搭铁不良。

2）一侧前照灯电路连接有接触不良之处。

（2）故障检修 检修前照灯的电路，如果电路无问题，则需拆检前照灯。

任务实施

一、实施环境

1）汽车底盘实训室或汽车整车实训室。

2）捷达、桑塔纳、爱丽舍的轿车等教学整车。
3）相应的照明电路维修手册或资料。

二、实施步骤

1. 汽车前照灯不亮故障现象

故障现象：打开灯光开关，前照灯不亮。

2. 知识导入——汽车照明系统工作原理及组成

3. 分析汽车前照灯不亮故障主要原因

要求：小组合作进行故障分析；填写故障分析报告；汇报分析结果，确定故障部位及原因。

4. 故障排除

要求：各小组在老师的指导下，严格按照操作规范，合作排除故障。

5. 总评

（1）各组学习小结与体会。
（2）教师对各组学习情况进行评分并总结。

任 务 工 单

任务 3-1　照明系统的检修

班　级		姓　名		学　号	
地　点				等　级	
工具准备					

任务过程

1. 前照灯及灯泡的拆装

1) 根据前照灯拆装练习，将下列操作步骤进行正确排序。

　　_____→_____→_____→_____→_____→_____

a. 将前照灯线束电气插接器从前照灯跨接线束插接器上断开。
b. 拆卸前照灯螺钉。
c. 向前拉前照灯外边缘及顶部以释放背面和内侧定位器凸舌。
d. 向前拉前照灯总成，将前照灯电气插接器从线束插接器上断开。
e. 拆下前保险杠蒙皮。
f. 拆下前照灯总成。

2) 根据前照灯灯泡拆装练习，将下列操作步骤进行正确排序。

　　_____→_____→_____→_____

a. 拆卸前照灯灯泡插座托架。
b. 拆下前照灯灯泡防尘盖。
c. 断开电气插接器。
d. 将灯泡从灯座上拆下。

2. 前雾灯故障诊断

诊　断　步　骤	测试结果
（1）电路系统检修	
将点火开关置于 ON 位置，进行左前、右前雾灯测试，雾灯和雾灯指示灯应点亮	
（2）电路系统测试	
1) 关闭点火开关，断开蓄电池负极电缆	
2) 断开线束插接器，测试左前雾灯搭铁电路线束插接器端子 G 和搭铁之间的电阻是否小于 5Ω	
3) 测试搭铁电路是否开路或电阻过大	
处理措施：维修左前雾灯的搭铁电路	

（续）

	考评项目		分 值	教师考核	备 注
考核评价	素质考评	团队协作	10 分		
		语言表达	10 分		
		实训纪律	10 分		
	过程考评	工具使用	10 分		
		任务实施	30 分		
		完成情况	20 分		
		工位整理	10 分		
	合　计				

任务 3-2　灯光信号系统的检修

任务导入

汽车的品牌和种类繁多，灯光信号系统的组成、数量也不相同，其安装位置、接线方式、接线方法也各有差异，但不论是国产汽车还是进口汽车，其照明系统都遵循一定的规律。

任务分析

本单元讲述了灯光信号系统各部件的组成、原理及检修方法，要求学生能独立完成汽车灯光信号系统各部件拆装、维护及检修。

相关知识

一、汽车信号灯种类

汽车上除照明灯外，还有用以指示其他车辆或行人的灯光信号标志，这些灯称为信号灯。

信号灯也分为外信号灯和内信号灯，外信号灯指转向指示灯、制动灯、尾灯、示廓灯、倒车灯，内信号灯泛指仪表板的指示灯，主要有转向、机油压力、充电、制动、关门提示等仪表指示灯。信号灯的种类、特点及用途见表 3-2。

表 3-2　信号灯的种类、特点及用途

种类	外信号灯					内信号灯	
	转向灯	示廓灯	停车灯	制动灯	倒车灯	转向指示灯	其他指示灯
工作时的特点	琥珀色交替闪亮	白或黄色常亮	白或红色常亮	红色常亮	白色常亮	白色闪亮	白色常亮
用途	告知路人或其他车辆将转向	标志汽车宽度轮廓	标明汽车已经停驶	提示已减速或将停车	告知路人或其他车辆将倒车	表示驾驶人车辆的行驶方向	表示驾驶人车辆的状况

（1）转向信号灯　转向信号灯标示车辆的转向方向。汽车前后的左右两边各装一只转向信号灯。车身总长超过 9m 的（包括汽车带挂车）车辆，车身两侧面前方也应装设侧面转向指示灯。转向灯亮时，其光色为黄色，以 50~120 次/min 的频率闪烁，以引起前后车辆及行人的注意（一般白天在相距至少 100m 处应能看清）。

（2）示廓灯与尾灯　示廓灯与尾灯用于夜间给其他车辆指示车辆位置与宽度。位于前方的称为示廓灯，位于后方的称为尾灯。

（3）制动灯　制动灯装在汽车尾部，是车辆重要的外在安全标识，以警告后面尾随的车辆或行人保持安全距离。其光色为红色，功率一般为 20W。正常情况下，制动灯亮时，车后相距至少 100m 处的其他车辆应看得很清楚，后车应减速或停车。在雾、雨、雪的天气里要注意制动灯的运用，驾驶人在注意前方车辆灯光的同时，可以靠后视镜留意自己后车的位置，若发现后车离自己的车位太近，可轻踩制动，使制动灯亮，以提醒后车适当拉开车距，防止因紧急制动，后车措施不及而发生追尾事故。

（4）倒车灯　倒车灯安装于车辆尾部，给驾驶人提供额外照明，使其能在夜间倒车时看清车的后方情况，同时警告后方车辆该车驾驶人想要倒车或正在倒车。当变速器换至倒档时，倒车灯点亮。

二、汽车转向灯及其闪光器类型与工作原理

汽车转向灯主要用来指示车辆的转向方向，以引起交通民警、行人和其他驾驶人的注意，提高车辆行驶的安全性。另外，汽车两侧转向灯同时闪烁时还用做危险警报的指示。汽车转向灯的闪烁是通过闪光器来实现的，通常按照结构的不同和工作原理分为电热丝式、电容式、翼片式、水银式、晶体管式、集成电路式等。

过去汽车转向灯闪光器多采用电热丝式结构，由于它们工作稳定性差、寿命短、信号灯的亮暗不够明显，因而不常采用，目前多采用结构简单、体积小、工作稳定、使用寿命长的电子式闪光器即晶体管式和集成电路式两大类闪光器。

（1）电热丝式闪光器　电热丝式闪光器是利用镍铬丝的热胀冷缩特性接通或断开转向灯电路，从而实现转向信号灯及转向指示灯的闪烁的。图3-12所示为SD56型电热丝式闪光器的结构与工作原理。

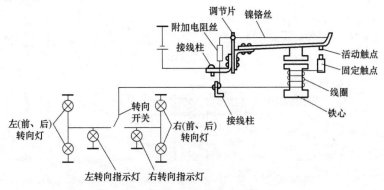

图3-12　SD56型电热丝式闪光器的结构与工作原理

（2）电容式闪光器　电容式闪光器是利用电容器充、放电延时特性，使继电器的两个线圈产生的电磁吸力时而相同叠加，时而相反削减，从而使继电器产生周期性开关动作，使得转向信号灯及指示灯实现闪烁，如图3-13所示为电容式闪光器的结构和工作原理。

（3）翼片式闪光器　翼片式闪光器是利用电流的热效应，以热胀条的热胀冷缩为动力，使翼片产生突变动作，接通和断开触点，使转向信号灯及转向信号指示灯实现闪烁的。图3-14、图3-15所示分别为直热及旁热翼片弹跳式闪光器工作原理。

（4）晶体管式闪光器　晶体管式闪光器分有触点式和无触点式两种，分别如图3-16和图3-17所示。

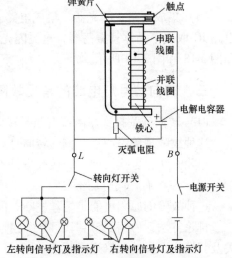

图3-13　电容式闪光器结构及工作原理

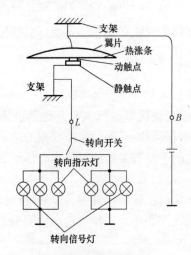
图 3-14 直热翼片弹跳式闪光器工作原理

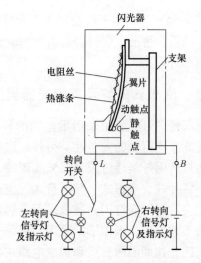
图 3-15 旁热翼片弹跳式闪光器工作原理

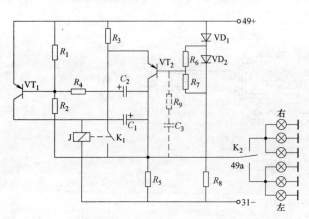
图 3-16 触点式晶体管闪光器

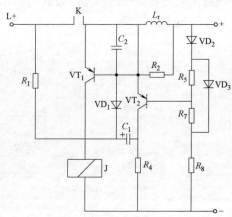
图 3-17 无触点式晶体管闪光器

（5）集成电路式闪光器　集成电路式闪光器与晶体管式闪光器的不同之处就是用集成电路 IC 取代了晶体管振荡器，这类闪光器也分有触点式和无触点式两种，其工作原理分别如图 3-18 和图 3-19 所示。

三、转向信号灯电路的常见故障检修

（1）转向开关打到左侧或右侧时转向指示灯闪烁比正常情况快

这种故障现象说明这一侧的转向灯灯泡有烧坏或转向灯的接线、搭铁不良。

排除方法：更换灯泡。若接线搭铁不良时，视情况处理。

（2）左、右转向灯均不亮

这种故障的原因可能是熔丝烧断、闪光器坏、转向开关出现故障或电路有断路的地方。

排除方法：1）检查熔丝，断了更换。2）检查闪光器。3）若以上正常，检查转向灯开关及其接线，视情况修理或更换。

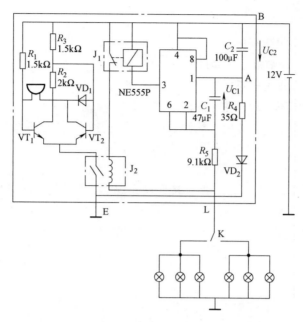

图 3-18　有触点式集成电路闪光器工作原理

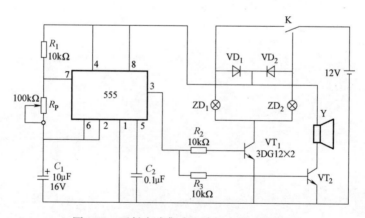

图 3-19　无触点式集成电路闪光器工作原理

左、右转向灯均不亮，除以上检查方法外，还可以先打开危险警告开关，若左、右转向、灯仍不亮，说明闪光器有故障。

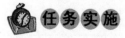

一、实施环境

1）汽车底盘实训室或汽车整车实训室。
2）捷达、桑塔纳、爱丽舍的轿车等教学整车。
3）相应的灯光信号电路维修手册或资料。

二、实施步骤

1. 汽车转向灯不亮故障现象

故障现象：踩下制动踏板，制动灯不亮。

2. 知识导入——汽车信号系统电路与工作原理

3. 分析汽车制动灯不亮故障主要原因

要求：小组合作进行故障分析；填写故障分析报告；汇报分析结果，确定故障部位及原因。

4. 故障排除

要求：各小组在老师的指导下，严格按照操作规范，合作排除故障。

5. 总评

1）各组学习小结与体会。

2）教师对各组学习情况进行评分并总结。

任 务 工 单

任务 3-2 灯光信号系统的检修

班 级		姓 名		学 号	
地 点				等 级	
工具准备					

任务过程

1. 尾灯的拆装

根据尾灯拆装练习，将下列操作步骤进行正确排序

_____→_____→_____→_____→_____

a. 逆时针旋转带灯泡的控制模块并将其从尾灯壳体上拆下。
b. 拆下尾灯螺栓。
c. 断开带灯泡的尾灯控制模块总成电气插接器，取下尾灯总成。
d. 拆下车身侧装饰板，移除露出的尾灯凹槽螺母。
e. 打开并支撑行李箱盖。

2. 制动灯故障诊断（填下表）

诊断步骤	测试结果
（1）电路系统检验	
将点火开关置于 ON 位置，进行制动测试，制动灯应点亮	
（2）电路系统测试	
1）关闭点火开关，断开线束插接器，测试端子和搭铁之间的电阻是否小于5Ω	
2）在端子和搭铁之间连接一个测试灯，使用故障诊断仪，进行制动灯测试，测试灯应点亮	
3）如果测试灯始终熄灭，测试相应的控制电路是否搭铁短路或开路	

处理措施：维修控制模块到制动灯之间的控制电路。

考核评价

考评项目		分 值	教师考核	备 注
素质考评	团队协作	10 分		
	语言表达	10 分		
	实训纪律	10 分		
过程考评	工具使用	10 分		
	任务实施	30 分		
	完成情况	20 分		
	工位整理	10 分		
合 计				

任务 3-3 电喇叭的检修

任务导入

无论哪种型号的电喇叭,尽管结构上有差异,但其发生故障的规律基本相同,所以故障的判断及排除方法也大同小异。

任务分析

本单元讲述了汽车电喇叭系统各部件的组成、原理及检修方法,要求学生能独立完成汽车电喇叭系统各部件的拆装、维护及检修。

相关知识

汽车喇叭是用来在汽车运行中警示行人和其他车辆注意交通安全的声响信号装置。按使用能源的不同,汽车喇叭分为电喇叭和气喇叭两种。电喇叭通过电磁线圈不断的通电和断电,使金属膜片振动而产生音响,声音悦耳。电喇叭外形多是螺旋形和盆形,广泛应用在各种汽车上(轻型乘用车都用电喇叭)。气喇叭利用压缩空气的气流使金属膜片产生振动,外形多是长喇叭形(筒形),声音大且声调高,传播距离远,多用在跑长途的大、中型汽车上,城市内是禁用的。

一、汽车电喇叭

螺旋形(蜗牛形)汽车电喇叭附带扬声筒,如图 3-20 所示,扬声筒卷成螺旋形以压缩体积,音质优美响亮。盆形汽车电喇叭不带扬声筒,形状扁平,体积较小,重量轻且安装方便,音质略逊但使用广泛。

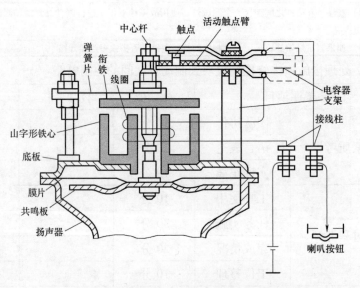

图 3-20 螺旋形(蜗牛形)汽车电喇叭

螺旋形和盆形汽车电喇叭的基本工作原理是一样的，如图 3-21 所示，都由下铁心、线圈、触点、衔铁、膜片等组成。喇叭膜片的振动是受迫振动的，当驾驶人按下按钮时，电流经触点通过线圈，线圈产生磁力吸引下衔铁，强制膜片移动，衔铁移动使触点断开，电流中断，磁力消失，膜片在本身的弹性和弹簧片作用下又同动铁心一起恢复原位，触点闭合，电路接通，电流再通过触点流经线圈产生磁力，重复上述动作。如此反复循环，膜片不断振动，从而发出音响。共鸣板与膜片刚性连接，可使振动平顺，发出声音更加悦耳。触点臂与触点的间隙小则激励频率高；间隙大则激励频率低，调整不同的间隙，电喇叭将受到不同的受迫振动频率激励而产生不同的声响。

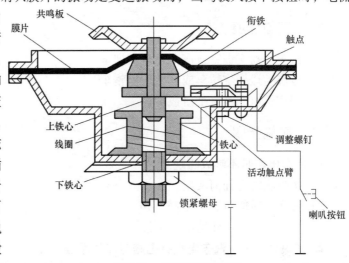

图 3-21　盆形汽车电喇叭

为了使电喇叭的声音更加悦耳，汽车上一般装有高、低音两个甚至三个不同音调的电喇叭。由于电喇叭在工作时电流过大，如果直接用喇叭按钮控制，喇叭按钮很容易损坏。为了减小流过喇叭按钮的电流，在其电路中一般装有喇叭继电器，如图 3-22 所示。按下喇叭按钮时，继电器线圈通电，触点吸合，蓄电池经继电器触点向电喇叭供电，流过按钮的电流是很小的线圈电流，松开按钮时电喇叭自动断电。

二、汽车气喇叭

气喇叭按结构和外形的不同可分为长筒形和螺旋形两种，按音调的不同又可分为单音和双音两种。如图 3-23 所示，气喇叭的声响强度和声音指向性好，适于山区使用。为了减少城市噪声污染，各个国家的交通法规均规定禁止在市区使用气喇叭。

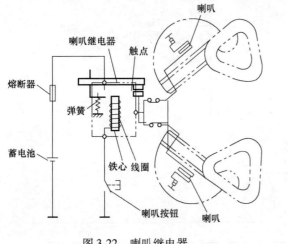

图 3-22　喇叭继电器

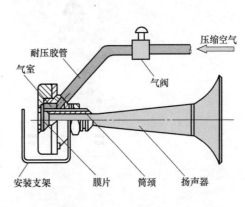

图 3-23　长筒形气喇叭

任务实施

一、实施环境

1）汽车底盘实训室或汽车整车实训室。
2）雪佛兰迈锐宝轿车或其他教学整车。
3）相应的电路维修手册或资料。

二、实施步骤

1. 汽车电喇叭不响故障现象

1）按喇叭时无任何反应。
2）按喇叭时能听到"嗒嗒"声。
3）下雨天喇叭工作情况不正常。

2. 知识导入——汽车电喇叭电路与工作原理

雪佛兰迈锐宝电喇叭电路与工作原理如图 3-24 所示。

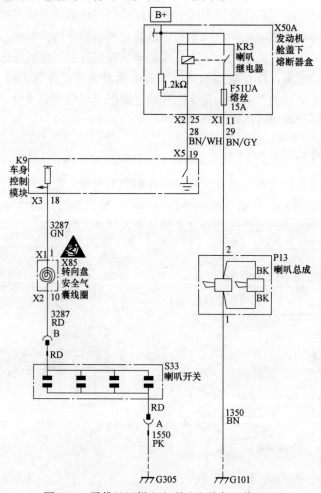

图 3-24 雪佛兰迈锐宝电喇叭电路与工作原理

3. 分析汽车电喇叭不响故障主要原因

要求：小组合作进行故障分析；填写故障分析报告；汇报分析结果，确定故障部位及原因。

喇叭电路故障诊断流程如下图 3-25 所示：

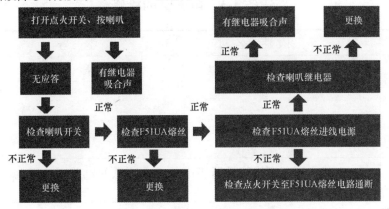

图 3-25　喇叭电故障诊断流程

4. 故障排除

要求：各小组在老师的指导下，严格按照操作规范，合作排除故障。

1）检查电源。

2）检查喇叭接线柱。

3）检查喇叭熔丝。

4）检查继电器熔丝。

5）检查喇叭继电器（图 3-26）。

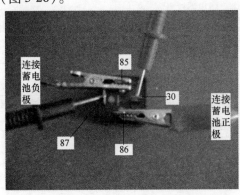

图 3-26　喇叭继电器检测

5. 总评

1）各组学习小结与体会。

2）教师对各组学习情况进行评分并总结。

任 务 工 单

任务 3-3　电喇叭的检修

班　级		姓　名		学　号	
地　点				等　级	

工具准备	

| 任务过程 | 1. 查找实训车辆维修手册当中关于电喇叭的电路图，根据图示内容分析哪些部件故障可造成喇叭不响

2. 电喇叭故障诊断

| 诊断步骤 | 测试结果 |
\|---\|---\|
\| （1）喇叭熔断器、继电器检测 \| \|
\| 1）在中央继电器熔断器盒当中找到和喇叭电路有关的熔断器，检验其通断情况 \| \|
\| 2）在中央继电器熔断器盒当中找到喇叭继电器，取出并检测 \| \|
\| （2）喇叭检测 \| \|
\| 关闭点火开关，断开喇叭线束连接，取下喇叭，在蓄电池上测试 \| \|
\| （3）喇叭开关、时钟弹簧检测 \| \|
\| 断开蓄电负极 3min 以上，拆卸驾驶位主安全气囊总成，测试喇叭开关和时钟弹簧 \| \|

处理措施：维修熔断器盒到时钟弹簧和熔断器盒到喇叭之间的控制电路 |

考核评价	考评项目		分　值	教师考核	备　注
	素质考评	团队协作	10 分		
		语言表达	10 分		
		实训纪律	10 分		
	过程考评	工具使用	10 分		
		任务实施	30 分		
		完成情况	20 分		
		工位整理	10 分		
	合　计				

任务3-4　仪表系统的检修

任务导入

汽车仪表是人与汽车的一个交互界面，可为驾驶人提供驾驶所需的汽车运行参数、故障、里程等相关信息，是现代汽车中必不可少的部件。本单元主要介绍汽车组合仪表（以下简称"组合仪表"）的结构及工作特点。

任务分析

本单元讲述了汽车仪表系统各部件的组成、原理及检修方法，要求学生能独立完成汽车仪表系统各部件的拆装和检修。

相关知识

一、汽车仪表系统概述

现代汽车的组合仪表最突出的特点是功能模块化，通常将仪表的几个功能模块组合起来，形成一个完整的仪表系统，并协助驾驶人通过组合仪表中的显示符号、数字和文字获得车辆的各种信息。这种类型的组合仪表在故障后不能进行分解维修，只能作为总成进行更换，并且更换后需要对其进行编程以保证仪表系统的正常工作。

二、常见仪表

组合仪表是作为一个多功能控制模块总成而工作的。仪表控制模块通过串行数据电路与采集信号的控制模块相连接，并提供车辆运行的相关信息，如车速、发动机转速、冷却液温度、行驶里程、燃油信息等，如图 3-27 所示。这些信息是通过指针式仪表、模拟指针式仪表或数字的形式显示出来的。

1. 车速表

车速表根据发动机控制模块的信息确定车速，如图 3-28 所示。发动机控制模块通过高速 LAN 总线将车速信息发送给车身控制模块，由车身控制模块基于车辆要求，通过低速 LAN 总线将车速信息发送给仪表控制模块，并以千米或者英里的方式显示当前的汽车时速值。

2. 里程表

里程表根据发动机控制模块的信息显示行驶的距离，发动机控制模块将来自车速传感器的信息转换为距离信息，然后通过高速 LAN 总线将距离信息发送给车身控制模块。由车身控制模块通过低速 LAN 总线将信息发送给仪表控制模块，并以数字的形式显示当前的车辆里程。

里程表的数值被存储在多个控制模块中，其中车身控制模块作为主要的存储模块，而仪表控制模块只作为辅助存储模块。它们除了存储里程表的数值外，在组合仪表和车身控制模块中还存储有车辆的 VIN，使得仪表控制模块不允许在不同车辆之间进行移动和转换。如果

车辆 VIN 不匹配，组合仪表将进入错误模式，并且里程表数值将显示为"破折号"。在更换新的仪表控制模块后，需要使用维修编程系统编程方可正常工作。

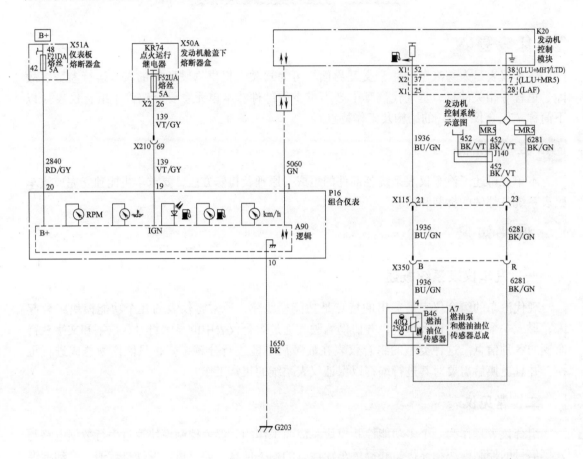

图 3-27　组合仪表控制电路

3. 发动机转速表

发动机转速表根据发动机控制模块的信息显示发动机的转速，如图 3-29 所示。发动机控制模块将来自发动机转速传感器的数据转换为发动机转速信息，并通过高速 LAN 总线将发动机转速信息发送给车身控制模块，由车身控制模块通过低速 LAN 总线将信息发送给组合仪表，以显示当前的发动机转速。

4. 燃油表

燃油表的显示是基于发动机控制模块的信息确定的，如图 3-30 所示。发动机控制模块将来自燃油油位传感器的信息转换为燃油油位信息，然后通过高速 LAN 总线将燃油油位信息发送给车身控制模块，由车身控制模块再通过低速 LAN 总线将信息发送给仪表控制模块，以显示当前的燃油油位。当燃油油位降至一定值时，仪表控制模块将点亮燃油油位过低指示灯。

图 3-28　车速表

项目 3　汽车照明和信号系统的检修　103

图 3-29　发动机转速表

图 3-30　燃油表

一、实施环境

1）汽车电气实训室或汽车整车实训室。
2）科鲁兹轿车或其他教学整车。
3）相应的电路维修手册或资料。

二、实施步骤

1. 汽车发动机转速表故障现象

故障现象：发动机工作，转速表不动。

2. 知识导入——汽车发动机转速表工作原理及组成

3. 分析汽车发动机转速表故障主要原因

1）检查传感器的插接器是否松动、传感器安装有无松动。
2）拔下发动机转速传感器的插接器后，用万用表的电阻档测量传感器线圈的电阻，是否与规定值相符，如果电阻过大或过小，均需更换传感器。
3）起动发动机，用万用表交流电压档测量传感器信号输出端子的电压，发动机怠速运转时应有 0.5V 左右的电压，并随发动机转速的提高，传感器的输出电压随之增大。
4）传感器拆下后的检测：用一根铁棒迅速地靠近或离开传感器铁心，看电压表指针是否有明显的摆动。如果电压表指针不摆动或摆动量很微小，说明传感器有故障，需予以更换。

要求：小组合作进行故障分析；填写故障分析报告；汇报分析结果，确定故障部位及原因。

4. 故障排除

要求：各小组在老师的指导下，严格按照操作规范，合作排除故障。

5. 总评

1）各组学习小结与体会。
2）教师对各组学习情况进行评分并总结。

任 务 工 单

任务 3-4 仪表系统的检修

班 级		姓 名		学 号	
地 点				等 级	

工具准备	

任务过程	（此部分内容可参考实训车辆或者相关维修手册） 操作车辆，在下列选项中选择对应的车辆信息。 1）在属于行程/燃油菜单信息的选项括号中打"√"。 （　）平均燃油经济性 （　）瞬时燃油经济性 （　）燃油续航力 （　）行程 （　）小计里程 （　）平均车速 （　）车速警告 2）目前驾驶人信息中心所显示的单位是_____（填写公制或英制）。 3）目前车辆的行驶里程为_____km（填写数字）。 4）目前车辆剩余的燃油量为_____L。 5）目前车辆冷却液温度_____℃，是否正常_____。

考核评价	考评项目		分 值	教师考核	备 注
	素质考评	团队协作	10分		
		语言表达	10分		
		实训纪律	10分		
	过程考评	工具使用	10分		
		任务实施	30分		
		完成情况	20分		
		工位整理	10分		
	合　计				

任务 3-5　警告灯系统的检修

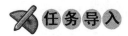

任务导入

现代汽车警告灯与信息显示系统多数依赖于组合仪表，现在的组合仪表功能模块化，一个完整的组合仪表中能显示符号、数字和文字获得车辆的各种信息，一些特殊功能也包含在该系统中。

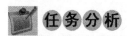

任务分析

本单元讲述了汽车警告灯与信息显示系统各部件操作方法、电路控制原理及信息含义等，要求学生能独立完成该系统各部件的拆装与检修。

相关知识

一、信息显示

现代汽车的组合仪表最突出的特点是功能模块化，通常将仪表的几个功能模块组合起来，就可以形成一个完整的仪表系统。驾驶人通过组合仪表中显示的符号、数字和文字获得车辆的各种信息。

驾驶人信息中心一般位于组合仪表的中下方或仪表台中央显示屏上，如图 3-31 所示。其任务是提供车辆的各种信息，例如里程信息、燃油信息、安全信息、档位信息及故障提示信息等。根据车型的不同，驾驶人信息中心的型号配置会有所不同，所显示的内容及显示方式（如语言）也会存在一定的差异。提示信息主要分为代码提示及文字提示两种。

1. 代码显示

有些车型由于所配置的显示屏无法显示相应的中文信息，其信息将以代码的方式显示，具体内容可参见相应车辆的用户手册。

2. 文字显示

在具有文字显示的驾驶人信息中心上，常见的显示信息包括显示单位、轮胎气压、发动机润滑油（机油）寿命、行程信息、燃油续航力、平均燃油经济性、瞬时燃油经济性、平均车速、故障提示等。利用驾驶人信息中心开关可进行相应功能菜单和功能选择的切换，由于车辆的配置不同，驾驶人信息中心的操作开关和信息显示也有所不同。

图 3-31　驾驶人信息中心

驾驶人信息中心开关是一个多路瞬时接触开关，其安装位置因车型而异，它与一系列阶梯式的电阻器相连接，如图 3-32 所示。仪表控制模块为驾驶人信息中心开关提供蓄电池电压，并向驾驶人信息中心开关提供低电平参考电压。当一个开关被启用时，开关输入到仪表控制模块的电压被拉低，以此确定驾驶人信息中心开关的输入信息。每个开关状态（菜单、向上、向下）与特定的电阻值相对应，仪表控制模块通过电阻器上的电压降来确定被按下的开关。

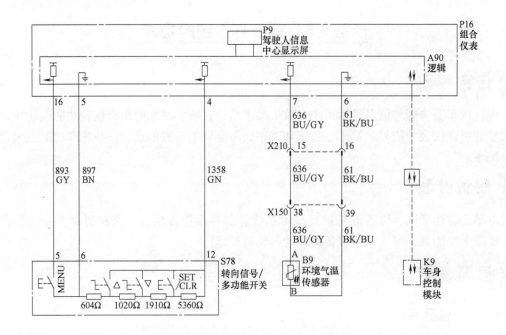

图 3-32 驾驶人信息中心开关控制电路

3. 车辆个性化设置

车辆个性化设置功能可以方便驾驶人根据自己的喜好改变信息显示模式或更改一些功能设置，这项功能可以通过驾驶人信息中心或娱乐信息显示屏来进行操作，车辆个性化设置中的菜单主要包括发动机机油寿命复位、单位转换、轮胎胎压学习（胎压自动监测系统）、时间设置、语言设置、车内或车外灯光延时关闭、里程显示、信息显示风格等。以下列举了几项由驾驶人信息中心进行设置的菜单信息。

（1）机油寿命复位　发动机控制模块通过总线将发动机机油剩余寿命的百分比发送至组合仪表。由组合仪表通过驾驶人信息中心显示当前机油剩余寿命的百分比。当机油剩余寿命的百分比降至小于5%时，驾驶人信息中心将显示"立即更换发动机机油"的提示信息，更换机油后需要进行寿命复位。

（2）轮胎胎压学习（胎压自动监测系统）　轮胎胎压自动监测系统将前、后轮胎的胎压数据信息通过总线发送至组合仪表，由组合仪表通过驾驶人信息中心显示当前每个前、后轮胎的胎压值。当轮胎胎压过低时，驾驶人信息中心会显示"检查××轮胎气压"的信息，并点亮胎压过低警告灯。

（3）单位转换　通过驾驶人信息中心的"设置/复位"按钮，可将驾驶人信息中心或车上的其他显示单位设置为英制或公制。当选择了所需的单位后，按选项按钮可进入下一个菜单。

（4）显示风格　在高配置的车辆上，利用驾驶人信息中心开关可以使仪表的显示风格在运动模式、舒适模式及其他模式之间进行切换。

二、警告灯指示

仪表警告指示灯用于提醒驾驶人车辆相关系统的工作状态,提高行驶的安全性。警告指示灯通常采用三种不同的颜色来区分报警的等级,如图3-33所示。

绿色——指示系统正常或处于启用状态。

黄色——指示系统关闭或故障。

红色——指示系统故障,车辆不能继续行驶请检修。

由仪表控制模块控制的警告指示灯(包括指针式仪表)在点火开关从OFF/ACC位置转到ON位置时,系统会执行自检工作。在系统自检过程中所有的警告指示灯会持续点亮几秒,自检结束后如果系统处于正常工作状态,警告指示灯将会熄灭。系统存在故障时,警告指示灯将一直点亮提醒驾驶人系统出现异常。而驻车制动器启用时指示灯会持续点亮,蓄电池指示灯和发动机故障灯在电压较低或故障状态下也会点亮。

图3-33 警告指示灯

一、实施环境

1) 汽车电气实训室或汽车整车实训室。
2) 科鲁兹轿车或其他教学整车。
3) 相应的照明电路维修手册或资料。

二、实施步骤

1. 汽车冷却液警告灯故障现象

故障现象:汽车在行驶过程中,无论是冷态还是热态,冷却液警告灯常亮。

2. 知识导入——汽车冷却液警告灯电路与工作原理

3. 分析故障主要原因

1) 储液水箱中冷却液液面过低。
2) 冷却液液位开关故障。
3) 冷却液温度传感器故障。
4) 警告灯电路故障。

4. 故障排除

1) 要求小组合作进行故障分析,其中包含:

①检查发动机冷却液温度是否真的过高以及储液水箱液面是否过低。

②上述检查都正常,拔下储液水箱液位开关插头,如果警告灯熄灭,说明液位开关有故障。

③如果警告灯仍然亮,接好液位开关插头,拔下冷却液温度报警开关插头。如果警告灯

熄灭，说明冷却液温度报警开关有故障；如果警告灯仍然亮，说明电路有故障。

2）填写故障分析报告。

3）汇报分析结果，确定故障部位及原因。

三、总评

1）各组学习小结与体会。

2）教师对各组学习情况进行评分并总结。

任 务 工 单

任务 3-5　警告灯系统的检修

班　级		姓　名		学　号	
地　点				等　级	
工具准备					
任务过程	1. 将不同颜色警告指示灯与右侧正确的说明连接起来 红色　　　　　指示系统关闭或故障 黄色　　　　　指示系统正常或处于启用状态 绿色　　　　　指示系统故障，车辆不能继续行驶请检修 2. 根据下面的图示，填写警告指示灯的名称 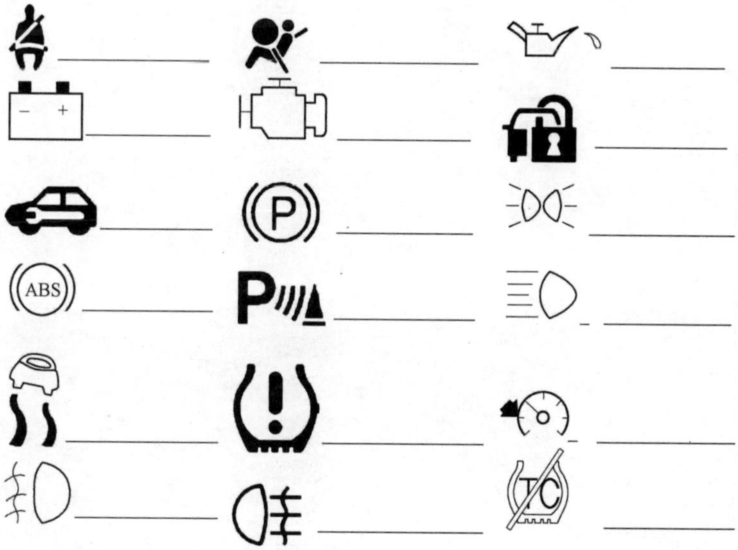 3. 操作车辆并填写相应警告指示灯的工作状态（只需填写灯光颜色） 1）转向信号灯开启时，仪表转向指示灯显示为＿＿＿＿＿。 2）座椅安全带未系时，仪表内的指示灯显示为＿＿＿＿＿。 3）发动机故障指示灯的颜色为＿＿＿＿＿。 4）在踩下制动踏板时，仪表中制动指示灯的颜色为＿＿＿＿＿。 5）开启车外灯时，仪表内指示灯的颜色为＿＿＿＿＿。				

（续）

	考评项目		分　值	教师考核	备　注
考核评价	素质考评	团队协作	10分		
		语言表达	10分		
		实训纪律	10分		
	过程考评	工具使用	10分		
		任务实施	30分		
		完成情况	20分		
		工位整理	10分		
	合　　计				

本项目小结

本项目把汽车照明与信号系统分成照明、灯光信号、电喇叭、仪表、警告灯五个子系统，深入认识了各子系统的结构、工作原理和检修方法。掌握各系统电路结构与工作过程对本项目知识的理解非常重要。

在任务实施中，按照维修厂实际流程，对故障分析、维修资料运用、电路分析、元件检测、故障排除等步骤进行了实操训练，要求学生具备对照明与信号系统故障诊断和检测的能力。

1）简述汽车照明系统的作用。
2）试论述汽车前照灯不亮的原因和排除方法。
3）简述电子闪光器的工作原理。
4）如何诊断信号灯不亮？
5）简述冷却液温度过高警告灯的工作原理。

项目 4　汽车辅助电器的检修

学习目标

1. 知识目标

（1）熟知几种辅助电器的作用，知道其各自的使用方法
（2）熟知几种辅助电器的结构及组成
（3）懂得各种辅助电器的电路分析方法

2. 能力目标

（1）能够分析典型车型的辅助电器电路
（2）能够诊断典型车型的辅助电器的常见故障
（3）能够通过分析电路图对典型车型的辅助电器进行检修

任务 4-1　电动刮水器系统及洗涤器的检修

任务导入

不管是高档豪华轿车，还是普通民用代步车，或是笨重的货车，刮水器都是汽车必不可少的组成部件。虽然刮水器只是汽车上"不起眼"的小零件，但在雨天，它却是保持良好视线的重要工具，与行车安全息息相关。

任务分析

电动刮水器系统及洗涤器的常见故障有刮水器清洁力下降、叶片老化或硬化而出现裂纹、刮水器刮杆摆动不均匀导致漏刮、电动机出现异常噪声等。本单元讲述了电动刮水器系统及洗涤器故障的诊断、拆卸、检修和安装调整过程，要求学生在知道刮水器结构和工作原理等理论知识的同时，能独立完成电动刮水器系统及洗涤器各部件的拆装、维护及检修。

相关知识

一、电动刮水器系统概述

刮水器系统主要用于清洁风窗玻璃和后窗玻璃上的雨水、灰尘等影响驾驶人视野的物体，可以在雨天为驾驶人提供良好的视野，减少事故发生。刮水器系统有风窗刮水器、后窗刮水器两种，如图 4-1 所示，后窗刮水器一般使用在 SUV 和两厢汽车上。此外，通常也把前照灯清洗归类到刮水器系统里面。

目前，市场上使用的是有骨刮水器。从大体结构上讲，有骨刮水器主要由刮水器电动机、连杆机构、刮杆以及刮片组成。其中刮片又由主支架、副支架、接头、支架套、模制成

尾端以及刮片胶条组成，如图4-2所示。

图4-1　几种常见电动刮水器　　　　图4-2　刮水器刮片的结构

　　根据空气流体力学设计的主支架，除了担当刮水器刮片主体结构外，还能防止风力浮举效应；副支架是由多支点不锈钢衬条构成，它的作用是使刮片胶条与风窗玻璃间压力分布均匀；处在工作最前线的刮片胶条一般选用天然橡胶，天然橡胶具有良好的拨水性能并且还可有效降低拨水时产生的噪声，其成本也相对较低。刮水器按照挂刷方式的不同，可分为单辐式刮水器、双辐同向式刮水器、双辐对向式刮水器和三辐同向式刮水器4种，如图4-3所示。

　　市场上，普遍使用的是双辐同向式刮水器，而单辐式刮水器常见在一些法系车上。除了以上这两种之外，还有应用在奔驰部分车型、大众夏朗、标致307等车型上的双辐对向式刮水器；应用在丰田FJ酷路泽上的三辐同向式刮水器等。尽管刮水器的种类众多，但其所要达到的目的都是为了保证驾驶人在车内能够拥有良好的前方视野，有的形式为适应不同玻璃的曲度，有的形式根据整体车架结构而进行了相应调整。

二、电动刮水器系统的基本结构

　　后窗刮水器在结构和原理上和风窗刮水器基本一样，本单元主要介绍风窗刮水器。刮水器的组成部件主要有：

- 刮水器刮片
- 连杆机构
- 刮水器电动机
- 洗涤液泵
- 洗涤液储液罐
- 刮水器开关
- 车身控制模块

- 洗涤液液位开关
- 前照灯洗涤液泵
- 刮水器电动机继电器
- 刮水器电动机速度控制继电器
- 洗涤液泵继电器
- 刮水器电动机熔丝
- 洗涤液泵熔丝

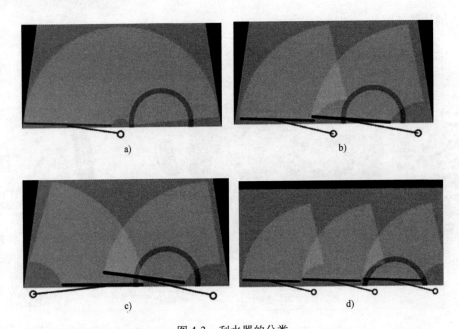

图 4-3 刮水器的分类

a) 单辐式刮水器 b) 双辐同向式刮水器 c) 双辐对向式刮水器 d) 三辐同向式刮水器

1. 连动机构

刮水器连动机构主要由刮片、刮杆、连杆机构、刮水器电动机等部件组成,如图 4-4 所示。

刮水器刮片是一条薄的弓形构件,有一根橡胶条(刮片胶条)嵌入其中。刮片胶条通过在玻璃上的来回刮动来清洁玻璃表面。刮水器刮杆为刮片提供支撑,并将刮片压紧在风窗玻璃上。连杆机构由连接杆和枢轴组成,能把刮水器刮杆与刮水器电动机连接起来。刮水器电动机驱动刮水器刮杆和刮片,使它们能够沿着风窗玻璃表面在两个方向来回交叉地刮动。电动机的速度是由驾驶人通过刮水器开关来控制的。

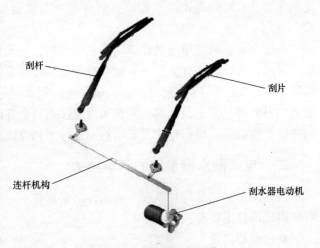

图 4-4 刮水器连动机构

2. 洗涤器总成

刮水器储液罐安装在发动机舱内部,洗涤液泵和洗涤液液位开关安装在洗涤液储液罐上,如图 4-5 所示。配置后窗洗涤功能的车辆,系统通常使用一个双向电动机带动洗涤液泵,完成风窗和后窗洗涤操作。车身控制模块控制洗涤液泵电动机运行时,向风窗玻璃喷淋洗涤液,若车身控制模块反向供电,电动机以相反的方向运行时,向后窗玻璃喷淋洗涤液。洗涤液液位开关用于监测洗涤液液位,液位不足时通过仪表提醒驾驶人。在寒冷地区使用刮水器系统时，必须向储液罐内加注防冻洗涤液。

3. 组合开关

刮水器组合开关位于转向盘转向柱右侧，只有将点火开关置于 ACC/ACCESSORY（附件）或 ON/RUN（打开/运行）位置时，才可以操作风窗玻璃刮水器。刮水器组合开关通常具有五个档位，分别为高速、低速、间歇（1~5）、关闭、除雾，如图 4-6 所示。车身控制模块（BCM）接收刮水器组合开关的信号后，通过两个继电器控制刮水器的工作和速度，同时也可以控制风窗玻璃的洗涤器喷洗。

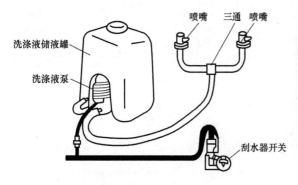

图 4-5 洗涤器总成

图 4-6 刮水器组合开关

4. 车身控制模块（BCM）

车身控制模块是刮水器系统的主控模块，模块从刮水器开关接收指令信号，通过继电器控制刮水器电动机和洗涤液泵工作，如图 4-7 所示。

三、雨量感应刮水器

雨量感应刮水器在车辆风窗玻璃内侧安装了一个雨量感应传感器，用于监测外界雨量的大小，并将信号通过 LIN 网络传递给 BCM，自动控制刮水器的启用以及间歇档延时时间。

雨量感应传感器安装在风窗玻璃上，刮水系统设置在自动模式时，车身控制模块接收来自雨量感应传感器的信号，判定雨量的多少，并结合车辆的行驶状态，指令刮水器电动机以低速、间歇或高速的速度刮水。

传感器内有红外光发光二极管（LED）发射红外线，红外线透过玻璃入射到玻璃外表面，当有雨滴落到车辆风窗玻璃上时，由于雨滴对光线的散射，使从玻璃射回传感器接收端的光线变弱，由此可以判断是否下雨及雨量的大小，其原理如图 4-8 所示。

四、前照灯洗涤器

有些车辆装备有前照灯洗涤器，前照灯洗涤器可以清洁灯罩上的杂污，如图 4-9 所示。打开点火开关，点亮前照灯，按下刮水器喷水开关并保持 2s，前照灯清洗系统将连续两次喷洒洗涤液到前照灯上，之后应停用前照灯洗涤器 2min。如果洗涤液液位过低，则喷洒后大约 4min 内洗涤器将无法打开。

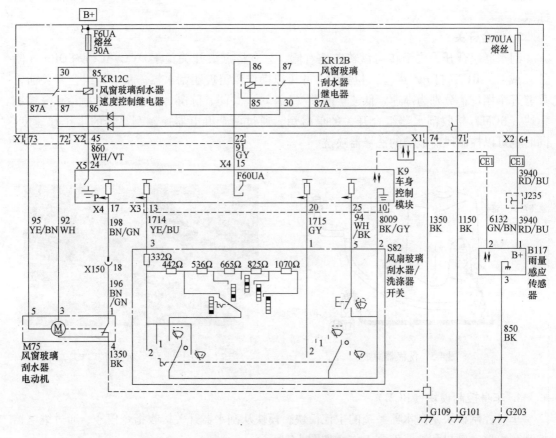

图 4-7　刮水器电动机电路图

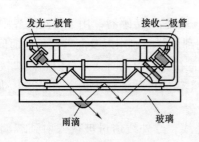

图 4-8　红外线散射雨量
感应传感器的原理

图 4-9　前照灯洗涤器

一、实施环境

1）汽车电气实训室或汽车整车实训室。

2）教学整车。
3）刮水器刮片、刮水器刮杆等。
4）相应的电路维修手册或资料。

二、实施步骤

1. 储液罐的更换

（1）拆卸程序

1）断开蓄电池负极电缆。
2）拆卸右前轮。
3）拆卸螺栓和螺钉及前轮毂防溅罩。
4）从洗涤液泵上断开洗涤器软管。
5）断开洗涤液泵电气插接器。
6）拆卸螺栓和储液罐，如图4-10所示。

（2）安装程序

1）用螺栓安装储液罐，将洗涤液储液罐螺栓紧固至8N·m，如图4-11所示。

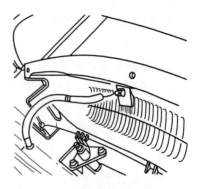

图4-10 储液罐拆卸

2）连接洗涤液泵电气插接器。
3）将洗涤器软管连接到洗涤液泵上。
4）用螺栓和螺钉安装前轮毂防溅罩，将前轮毂防溅罩螺栓紧固至1.5N·m。
5）安装左前轮。
6）连接蓄电池负极电缆。

2. 洗涤液泵的更换

（1）拆卸程序

1）断开蓄电池负极电缆。
2）拆卸左前轮。
3）拆卸螺栓和螺钉及前轮毂防溅罩。
4）断开洗涤液泵电气插接器。
5）从洗涤液泵上断开洗涤器软管，如图4-12所示。
6）拆卸洗涤液泵。

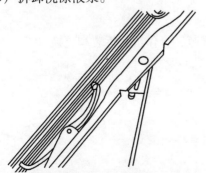

图4-11 储液罐安装

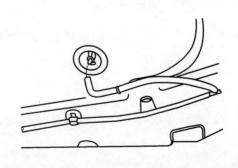

图4-12 洗涤液泵的拆卸

（2）安装程序

1）安装洗涤液泵。
2）将洗涤器软管连接到洗涤液泵上，如图4-13所示。
3）连接洗涤液泵电气插接器。
4）用螺栓和螺钉安装前轮毂防溅罩。
5）安装左前轮。
6）连接蓄电池负极电缆。

3. 刮水器刮杆的更换

（1）拆卸程序

1）打开发动机舱盖。
2）必要时拆卸螺母，露出刮水器刮杆螺母。
3）从刮水器臂上拆卸螺母。
4）拔下刮水器刮杆，如图4-14所示。

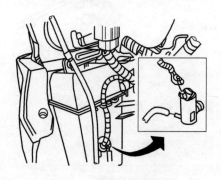

图4-13　洗涤液泵的安装

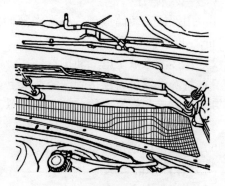

图4-14　刮水器刮杆的更换

（2）安装程序

1）安装刮水器刮杆。
2）用螺母固定刮水器刮杆。
3）盖好发动机舱盖。

三、拆装及更换练习

要求：各小组在老师的指导下，严格按照操作规范，合作进行拆装和更换。

四、总评

1）各组学习小结与体会。
2）教师对各组学习情况进行评分并总结。

任 务 工 单

任务 4-1　电动刮水器系统及洗涤器的检修

班　级		姓　名		学　号	
地　点				等　级	
工具准备					
任务过程	1. 填写刮水器系统元件名称 （1）_____　（2）_____　（3）_____　（4）_____ 2. 洗涤液泵工作状况检查 ☐ 有水流出　　☐ 无水流出				

（续）

任务过程	3. 风窗玻璃刮水器电动机的检查 低速档位检查： 高速档位检查： □符合标准 □不符合标准 □符合标准 □不符合标准				
考核评价	考评项目		分 值	教师考核	备 注
	素质考评	团队协作	10分		
		语言表达	10分		
		实训纪律	10分		
	过程考评	工具使用	10分		
		任务实施	30分		
		完成情况	20分		
		工位整理	10分		
	合 计				

任务 4-2　电动车窗和电动天窗的检修

一辆卡科鲁兹轿车，车主反映驾驶室右侧车窗玻璃不能升降，其他电动车窗工作正常。需要你对电动车窗电路进行检测，确定故障部位并进行修理。

电动车窗一般是指其电动玻璃升降器（以下简称"玻璃升降器"）能自动升、降门窗玻璃，即使在行车过程中也能方便地开、关车窗。所以电动车窗又叫自动车窗，过去仅装在高级轿车上，现代轿车上已被普遍采用。本单元通过对电动车窗和电动天窗故障的诊断、拆卸、检修、安装调整过程的实施与学习，要求学生在知道结构和工作原理等理论知识的同时，能独立完成电动车窗和电动天窗各部件的拆装、维护及检修。

相关知识

一、电动车窗

电动车窗系统由车窗玻璃、玻璃升降器、车窗电动机、车窗控制继电器、车窗开关等组成，如图 4-15 所示。

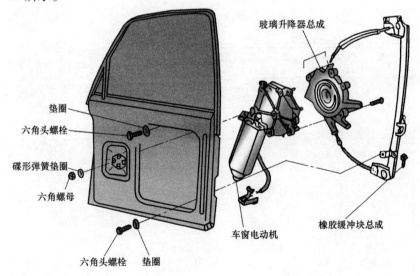

图 4-15　电动车窗结构

电动车窗系统是通过开关操作开闭车窗的系统，当电动车窗开关操作时，车窗电动机旋转，玻璃升降器把车窗电动机的旋转运动转换成上下运动，打开或关闭车窗，如图 4-16 所示。

所有电动车窗都有两套控制装置，一套为总开关，可由驾驶人通过总控制开关操纵四个车窗玻璃的升降；另一套为分开关，分别装在每个车窗中部，可由乘客操纵身边车窗玻璃的升降。总开关和分开关互不干涉，均可独立控制。

1. 车窗玻璃升降控制

电动车窗的电路示意图，如图 4-17 所示。车身控制模块在安全防盗解除后允许车窗电动机工作。电源电压 B_+ 通过熔丝分别给驾驶人侧车窗开关以及驾驶人侧车窗电动机供电，驾驶人通过按下或提起开关，将控制意图传递给驾驶人侧车窗电动机。车窗电动机在接收到信号后，控制车窗双向电动机的工作方向（供电或搭铁），从而带动玻璃上升和下降。通常低配车辆只有驾驶人侧车窗有快速升降功能，而高配车辆的四扇车窗都可以快速升降车窗玻璃。

图 4-16 电动车窗

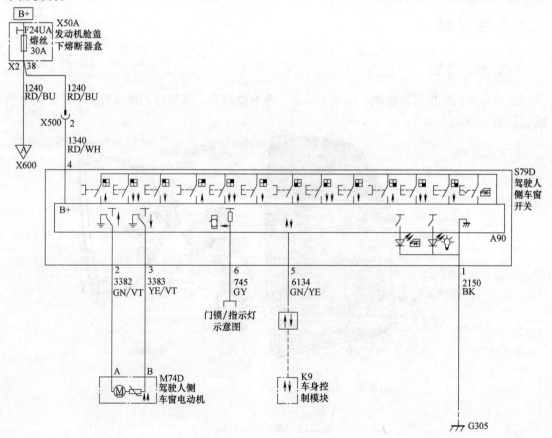

图 4-17 电动车窗的电路示意图

2. 车窗玻璃快速升降

驾驶人侧车窗和乘客侧车窗开关有一个快速上升或下降的功能，允许车窗玻璃在没有按住开关的情况下自动下降或升高。向上拉开关，或者将开关按下之后释放，车窗玻璃会自动快速上升或下降。在车窗玻璃快速升降过程中，再次拉起或按下开关，将终止车窗快速升降功能。

3. 车窗防夹功能

在执行车窗玻璃快速上升的操作过程中，车门内的智能车窗电动机将会检测车窗玻璃阻力是否过大，如果阻力过大，车窗电动机会驱动玻璃停止上升并下降，以避免伤害被玻璃卡住的乘客。拉起车窗开关并保持可以取消车窗防夹功能。

4. 车窗锁止

电动车窗系统包含一个车窗锁止开关，如图 4-18 所示。当驾驶人按下车窗锁止开关后，开关向车身控制模块发送串行数据信

图 4-18　电动车窗锁止开关

息，该模块将向后乘客侧车窗开关发送停用指令，将两后乘客侧车窗开关停用。此时，后排乘客无法操作车窗，而使用驾驶人位置的车窗开关对后乘客侧车窗操作时，后乘客侧车窗仍将正常工作。

二、电动天窗

1. 电动天窗的结构

电动天窗是最受车主欢迎的汽车天窗，它主要由滑动机构、驱动机构、开关和控制模块等组成，如图 4-19 所示。

（1）滑动机构　电动天窗滑动机构主要由导向块、导向销、连杆、托架和前、后枕座等组成。

（2）驱动机构　电动天窗驱动机构主要由电动机、传动机构和滑动螺杆等组成。

1）电动机通过传动装置为天窗的开闭提供动力。电动机能双向转动，即通过改变电流的方向来改变电动机的旋转方向，实现天窗的开闭。

2）传动机构主要由蜗轮蜗杆传动机构、中间齿轮传动机构（主动中间齿轮、过渡中间齿轮）和驱动齿轮等组成。齿轮传动机构接受电动机的动力，改变旋转方向，并减速增矩后将动力传给滑动螺杆，使天窗实现开闭；同时又将动力传给凸轮，使凸轮顶动限位开关进行开

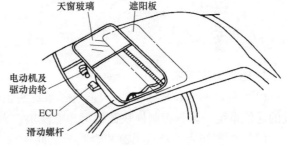

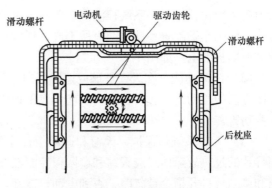

图 4-19　电动天窗结构

闭。主动中间齿轮与蜗轮固装在同一轴上，并与蜗轮同步转动；过渡中间齿轮与驱动齿轮固装在同一输出轴上，被主动中间齿轮驱动，使驱动齿轮带动天窗开闭。

（3）车身控制单元　车身控制单元是一个数字电路，设有定时器、蜂鸣器和继电器等，其作用是接收开关输入的信息，通过数字电路进行逻辑运算，确定继电器的动作，控制天窗的开闭。

（4）电动天窗开关　电动天窗的开关由控制开关和限位开关组成。

1) 控制开关。如图4-20所示，控制开关主要包括滑动开关和斜升开关。滑动开关有滑动打开、滑动关闭和断开（中间位置）3个档位。斜升开关也有斜升、斜降和断开（中间位置）3个档位。通过操作这些开关，可使天窗驱动机构的电动机实现正反转，实现天窗的不同状态。

2) 限位开关。如图4-21所示，限位开关（又称为行程开关）主要是用来检测天窗所处的位置。限位开关是靠凸轮转动来实现断开和闭合的，凸轮安装在驱动机构的动力输出端。当电动机将动力输出时，通过驱动齿轮和滑动螺杆减速以后带动凸轮转动，于是凸轮周缘的突起部位顶动限位开关使其开闭，以实现对天窗的自动控制。

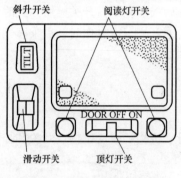

图4-20　电动天窗的控制开关

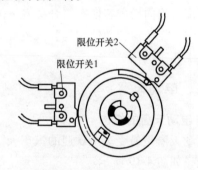

图4-21　电动天窗的限位开关

2. 电动天窗控制

（1）局域网（LIN总线）　天窗电气系统使用的主模块和子模块配置采用了基于LIN总线的通信系统。车身控制模块被指定为主模块，天窗和遮阳板控制模块则设置为子模块。

（2）天窗和遮阳板　天窗和遮阳板之间的操作可以相互影响，在打开天窗时，系统主模块（车身控制模块）也将指令遮阳板打开至预设位置，并且遮阳板的关闭位置总是小于天窗的关闭位置。如果系统检测到遮阳板系统故障时，也将停用天窗系统。天窗和遮阳板的操作方法因车辆配置不同可能有所不同，详细操作方法请参考车辆用户手册。别克君越的天窗和遮阳板的电路如图4-22所示。

（3）防夹功能　在天窗玻璃或遮阳板向关闭方向移动时，如果电动机检测到物体阻碍，关闭方向的移动将停止，且天窗玻璃和遮阳板将反向移动一小段距离，防止造成系统损坏和人身伤害。

（4）天窗系统热保护　天窗和遮阳板控制器具有一个热保护机制，防止因开关操作不当导致的过热故障而造成天窗和遮阳板控制器及电动机的损坏。热保护机制将使所有新的天窗和遮阳板打开指令被忽略，直到电动机冷却。

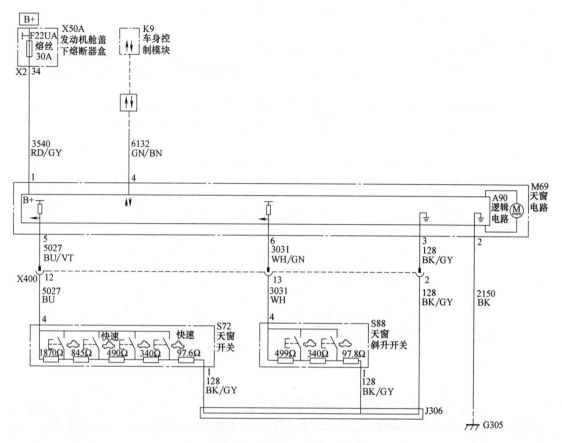

图 4-22 天窗和遮阳板电路

一、实施环境

1）汽车实训基地。
2）扳手、螺钉旋具。
3）翼子板护裙、转向盘护套、座椅护套和脚垫。
4）熔丝、车窗电动机、车窗开关、教学整车。
5）数字万用表、夹子钳、塞尺、连接电缆、电流表、试灯、稳压电源等。
6）相关车型汽车维修手册。

二、实施步骤

1. 车窗电动机的检查

1）拆下前乘客侧（右前）车窗电动机。
2）检查车窗电动机运转情况，如果不符合要求，则更换车窗电动机；如果符合要求，则检查车窗电动机至前乘客侧车窗开关电路，如图 4-17 和表 4-1 所示。

表4-1 车窗电动机运转

连接条件	规定状态	连接条件	规定状态
蓄电池正极-电动机端子1	电动机齿轮顺时针旋转	蓄电池正极-电动机端子2	电动机齿轮逆时针旋转
蓄电池负极-电动机端子2		蓄电池负极-电动机端子1	

3)拔下前乘客侧车窗开关插头,用万用表电阻档检查车窗电动机至车窗开关之间电路是否断路,如图4-23和表4-2所示,如果不符合要求,则修理电路。

表4-2 车窗电动机与车窗开关之间导线导通性

检测端子	规定状态	检测端子	规定状态
H7-4(U)—H8-2(U)	小于1Ω	H7-1(D)—H8-1(D)	小于1Ω

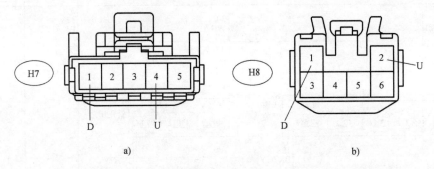

图4-23 插头端子
a)前乘客侧车窗开关插头端子 b)前乘客侧车窗电动机插头端子

4)连接车窗电动机插头、车窗开关插头,检查车窗电动机是否恢复正常,如果没有,则检查前乘客侧车窗开关。

5)装上前乘客侧车窗电动机、前乘客侧车窗开关。

2. 检查车窗开关

1)拆下前乘客侧(右前)车窗开关。

2)拔下前乘客侧车窗开关插头(H7)。

3)用万用表电阻档检查车窗开关端子之间导通性,如图4-23和表4-3所示。如果不符合要求,则更换前乘客侧车窗开关。

表4-3 车窗开关端子之间导通性

检测端子	开关状态	规定状态
端子1(D)—端子2(SD)	UP	小于1Ω
端子3(B)—端子4(U)		小于1Ω
端子1(D)—端子2(SD)	OFF	小于1Ω
端子4(U)—端子5(SU)		小于1Ω
端子4(U)—端子5(SU)	DOWN	小于1Ω
端子1(D)—端子3(B)		小于1Ω

4）打开点火开关，用万用表电压档检查车窗开关插头端子3（H7）有无电压（蓄电池电压），如无电压，说明电源电路断路，应修理电路。用万用表电压档检查车窗开关插头端子2、端子3（H7）与车身搭铁是否导通，如不导通，说明搭铁电路断路，应修理搭铁线。

5）插上前乘客侧车窗开关插头。检查前乘客侧车窗玻璃升降是否恢复正常。

6）装上前乘客侧车窗开关。

三、检测练习

要求：各小组在老师的指导下，严格按照操作规范，合作进行拆装和更换。

四、总评

1）各组学习小结与体会。

2）教师对各组学习情况进行评分并总结。

任 务 工 单

任务 4-2　电动车窗和电动天窗的检修

班　级		姓　名		学　号	
地　点				等　级	

工具准备	

| 任务过程 | 1. 前乘客侧车窗电动机拆卸步骤

　　　　　　　　　　　　　　　　　　　　　　
　　　　　　　　　　　　　　　　　　　　　　
　　　　　　　　　　　　　　　　　　　　　　
　　　　　　　　　　　　　　　　　　　　　　

2. 检查电器运转情况

　| 连接条件 | 结　果 |
　|---|---|
　| 蓄电池正极-电动机端子1 | |
　| 蓄电池负极-电动机端子2 | |
　| 蓄电池正极-电动机端子2 | |
　| 蓄电池负极-电动机端子1 | |

□ 正常　　□ 故障

3. 导线的检查

　| 检测端子 | 结　果 |
　|---|---|
　| H7-4（U）—H8-2（U） | |
　| H7-1（D）—H8-1（D） | | |

（续）

任务过程	4. 开关的检查			
	检测端子		开关状态	结　果
	端子1（D）—端子2（SD）		UP	
	端子3（B）—端子4（U）			
	端子1（D）—端子2（SD）		OFF	
	端子4（U）—端子5（SU）			
	端子4（U）—端子5（SU）		DOWN	
	端子1（D）—端子3（B）			

考核评价	考评项目		分　值	教师考核	备　注
	素质考评	团队协作	10分		
		语言表达	10分		
		实训纪律	10分		
	过程考评	工具使用	10分		
		任务实施	30分		
		完成情况	20分		
		工位整理	10分		
	合　计					

任务 4-3 电动后视镜和电动座椅的检修

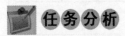 任务导入

为了方便驾驶人调整后视镜的角度，许多轿车安装了电动后视镜，驾驶人坐在座椅上直接操纵旋钮式开关，通过电动机就可以方便地对左右后视镜的角度进行调节。有些车辆为了适应不同驾驶人、乘员对座椅位置的要求，提高乘坐舒适性，使驾驶人保持正确的坐姿和便于驾驶操作，在驾驶人座椅和前排乘客座椅上均设置了调节装置，采用电动调节装置的座椅，称为电动座椅。

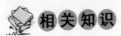 任务分析

电动后视镜由调整开关、电动机、传动和执行机构等组成。电动座椅由调节开关和调节装置组成，其中调节装置包括调节电动机和传动机构。本单元通过对电动后视镜和电动座椅故障的诊断、拆卸、检修、安装调整过程的实施与学习，要求学生在知道结构和工作原理等理论知识的同时，能够独立完成电动后视镜和电动座椅各部件的拆装、维护及检修。

相关知识

一、电动后视镜

汽车后视镜能反映车辆后部和两侧的情况，驾驶人通过观察后视镜可以获得广阔的视野，避免危险和事故的发生。汽车后视镜有外后视镜和内后视镜两种。外后视镜安装在汽车前车门外侧，左右车门上各一个，可以观察汽车两侧的后部和下部。内后视镜安装在汽车前部顶棚的中央，可以观察汽车后方及车内情况，如图 4-24、图 4-25 所示。

图 4-24 车外后视镜

图 4-25 车内后视镜

1. 后视镜功能

车辆后视镜按照功能可分为电动调节后视镜、电动折叠后视镜、电加热后视镜、防眩目后视和记忆功能后视镜等，不同车辆的配置可能不同，详细使用方法请参考车辆用户手册。

2. 后视镜结构

汽车的电动后视镜一般由镜片、驱动电动机、控制电路及操纵开关组成，如图4-26所示。每个电动后视镜的背后装有两个可逆电动机和驱动机构，可操纵后视镜上下及左右转动。上下方向的转动由一个电动机控制，左右方向的转动由另一个电动机控制。通过改变电动机的电流方向，即可完成后视镜的位置调整。

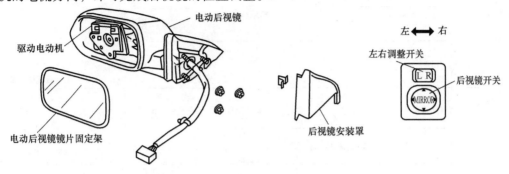

图4-26 电动后视镜的结构和控制开关示意图

3. 电动后视镜控制电路

如图4-27所示为本田雅阁轿车电动后视镜的控制电路，下面以左侧后视镜为例简单分析其工作过程。此电动后视镜开关中上面的4个开关为共用的后视镜联动方向调节开关，下面两个开关为控制左侧或右侧电动后视镜的联动分开关。

1) 左侧后视镜向下倾斜时。如电路图4-27所示，首先将电动后视镜开关中下面的联动分开关按至"左"位置，然后按下"下"，此时电路的电流方向为：蓄电池+→熔丝22和23→点火开关→熔丝30→电动后视镜开关端子6→联动开关"下"的左端→左侧后视镜开关→电动后视镜开关端子9→左电动后视镜"上下"调节电动机→电动后视镜开关端子2→左侧后视镜开关→联动开关"上"的左端→搭铁，左侧后视镜实现向下倾斜。

2) 左侧电动后视镜向上倾斜时。电动后视镜开关中下面的联动开关依然在"左"的位置，按下"上"，电流的流向为：蓄电池+→熔丝22和23→点火开关→熔丝30→电动后视镜开关端子6→联动开关"上"的右端→左侧后视镜开关→电动后视镜开关端子2→左电动后视镜"上下"调节电动机→电动后视镜开关端子9→左侧后视镜开关→联动开关"下"的右端→搭铁，左侧后视镜实现向上倾斜（与向下倾斜时电流方向相反）。电动后视镜左右运动的电路分析与此类似，此处不再赘述。

二、电动座椅

（一）电动座椅的分类和组成

座椅可采用手动或电动的方式进行调整，采用电动调整的座椅，称为电动座椅。电动座椅调整灵活、方便、省力。

1. 电动座椅的分类

（1）按控制方式分类　按照控制方式不同，电动座椅有普通电动座椅和带记忆功能的电动座椅2种。

1) 普通电动座椅开关与电动机之间没有控制模块，开关直接控制电动座椅电动机。

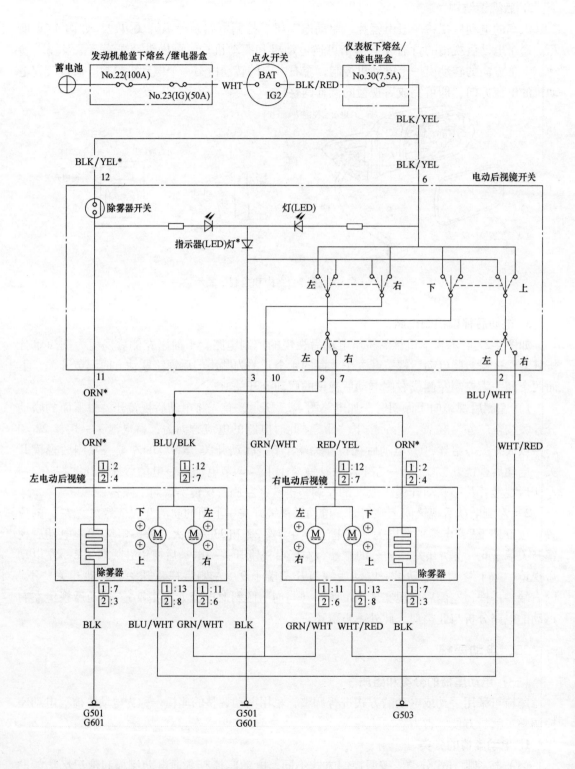

图 4-27 本田雅阁轿车电动后视镜电路

2）带记忆功能的电动座椅开关与电动机之间有控制模块，控制模块可以记忆驾驶人预设的座椅位置，通过座椅记忆开关操作，如图 4-28 所示。

（2）按照座椅电动机的数目和调节方向数目的不同分类　电动座椅有四方向、六方向、八方向几种。更先进的电动座椅功能更加完善，可具备座椅的前后调节、上下调节、座位前部的上下调节、靠背的倾斜调节、侧背的倾斜调节、侧背支撑调节、腰椎支撑调节、靠枕的上下和前后调节等多向调节，如图 4-29 所示。

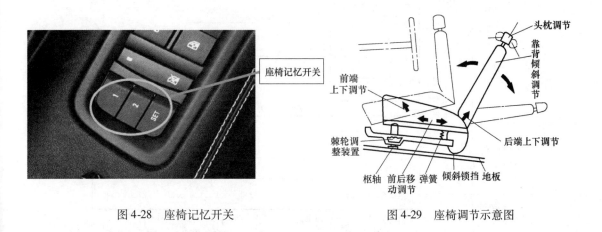

图 4-28　座椅记忆开关　　　　　　　图 4-29　座椅调节示意图

2. 电动座椅的组成

为了实现座椅的调节，电动座椅由调节开关和调节装置组成，其中调节装置包括调节电动机和传动机构，如图 4-30 所示。

电动座椅的调整是由调节装置来完成的。电动座椅的前后移动调节装置包括前后移动调节电动机和传动机构，前后调节电动机为双向永磁直流电动机，传动机构由螺杆、螺母、轨道、支架等组成。前后移动调节电动机通电旋转，带动螺杆转动，使螺母在轨道上滑动，座椅便可向前或向后移动，如图 4-31 所示。

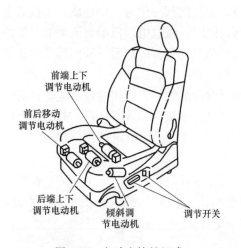
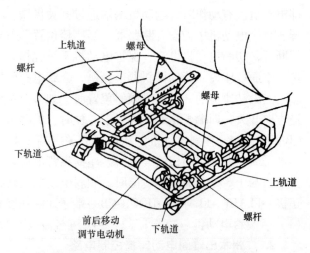

图 4-30　电动座椅的组成　　　　　图 4-31　电动座椅前后移动调节装置结构

（二）电动座椅控制电路

1. 雷克萨斯 LS400 轿车电动座椅控制电路（不带储存功能）

该电动座椅包括滑动电动机、前垂直电动机、倾斜电动机、后垂直电动机和腰椎电动机，可以实现座椅的前后移动、前部高度调节、靠背倾斜程度调节、后部高度调节及腰椎前后调节，如图4-32所示。

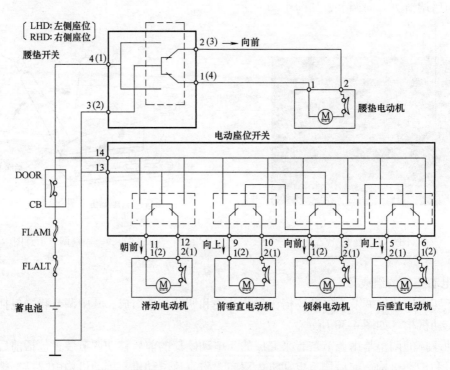

图4-32 雷克萨斯LS400轿车电动座椅控制电路（不带储存功能）

电路中有5个开关，分别控制5个电动机。开关有一个共同特点：均为常搭铁型结构，即电动机没有动作时，电动机两端通过开关搭铁，当开关打向其一侧时，动作侧开关接通电源。每个电动机中均设有断路器，当座椅位置调整到极限时，流过电动机的电流增加，断路器断开，切断电动机电流，保护电动机不被烧损；松开调整开关，冷却后，断路器又重新复位。下面以座椅靠背的倾斜调节为例，介绍电路的控制过程。

当电动座椅的开关处于倾斜位置时，如果要调整靠背向前倾斜，则闭合倾斜电动机的前进方向开关，即端子4处开关置于左位时，电路为：蓄电池正极→FLALT→FLAM1→DOOR-CB→端子14→倾斜电动机"向前"开关→端子4→端子1（2）→倾斜电动机→端子2（1）→端子3→端子13→搭铁。此时，座椅靠背前移。

当端子3处开关置于右位时，倾斜电动机反转，座椅靠背后移。此时的电路为：蓄电池正极→FLALT→FLAM1→DOOR-CB→端子14→倾斜电动机"向后"开关→端子3→端子2（1）→倾斜电动机→端子1（2）→端子4→端子13→搭铁。

2. 广州本田雅阁电动座椅控制电路

该车型座椅共设置了前端上下调节电动机、前后调节电动机、后端上下调节电动机和靠背倾斜调节电动机 4 个电动机,分别对座椅前后滑动、前部上下移动、后部上下移动及靠背前后倾斜八个方向进行调节,其控制电路如图 4-33 所示。

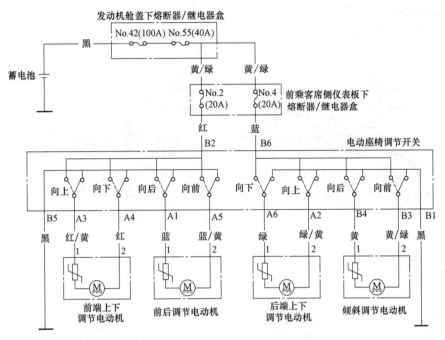

图 4-33　广州本田雅阁电动座椅控制电路

（1）座椅前端的上下调节　控制前端上下调节开关向上调整时,A3 和 B2、A4 和 B5 接通。电路：蓄电池 +→发动机舱盖下熔断器盒熔丝→前乘客席侧仪表板下熔断器盒 "2" 号熔丝→电动座椅调节开关 B2 端子→A3 端子→前端上下电动机 "1" 号端子→电动机→ "2" 端子→电动座椅调节开关 A4→B5→搭铁→蓄电池 −。

（2）座椅倾斜的前后调节　控制倾斜调节开关向前调整时,B6 和 B3、B1 和 B4 接通。电路：蓄电池 +→发动机舱盖下熔断器盒熔丝→前乘客席侧仪表板下熔断器盒 "4" 号熔丝→电动座椅调节开关 B6→B3→倾斜调节电动机 "2" 号端子→电动机→ "1" 端子→电动座椅调节开关 B4→B1→搭铁→蓄电池 −。若向后调节则通过调节开关使电流经过电动机的方向相反。

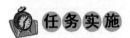

一、实施环境

1）汽车实训基地。
2）扳手、螺钉旋具。
3）翼子板护裙、转向盘护套、座椅护套和脚垫。
4）汽车电动后视镜、电动后视镜电路图、本田雅阁电动座椅。
5）数字万用表、夹子钳、塞尺、连接电缆、电流表、试灯、稳压电源等。
6）广州本田雅阁轿车维修手册。

二、实施步骤

1. 电动后视镜的检修

电动后视镜检修示意图如图 4-34 所示。

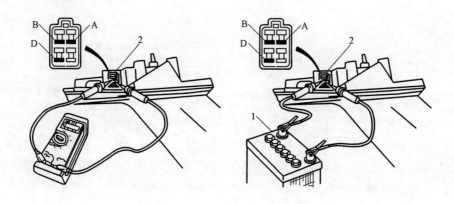

图 4-34 电动后视镜检修示意图

1) 必要时拆卸车外后视镜总成。
2) 使用万用表测试插接器 2 下列端子之间是否导通：A 和 B、A 和 D、B 和 D，如果万用表欧姆档指示任何端子之间为开路或电阻超过 200Ω，则应更换后视镜总成。
3) 如果所列插接器端子之间全部导通，则继续至步骤 4。
4) 参照表 4-4，将 12V 蓄电池 1 的正极（+）和负极（-）引线连接至插接器 2 端子。
5) 观察后视镜的移动方向，如果与表 4-4 所示不符，则应更换后视镜总成。

表 4-4 电动后视镜检修端子检测表

后视镜移动方向	端子 A	端子 B	端子 D
左侧后视镜-向内	-	+	
左侧后视镜-向外	+	-	
左侧后视镜-上升	+		-
左侧后视镜-下降	-		+
右侧后视镜-向内	+	-	
右侧后视镜-向外	-	+	
右侧后视镜-上升	+		-
右侧后视镜-下降	-		+

2. 后视镜控制开关检测

后视镜控制开关示意图如图 4-35 所示。

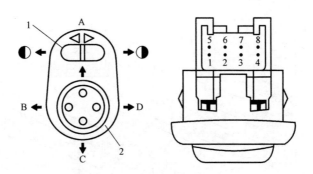

图 4-35　后视镜控制开关示意图

1）拆卸后视镜控制开关。

2）后视镜控制开关由后视镜选择开关 1 和后视镜方向开关 2 组成。按表 4-5 所示设置后视镜控制开关上的端子，使用万用表欧姆档测试所列开关端子之间是否导通。

表 4-5　后视镜控制开关端子检测表

后视镜选择开关位置	后视镜方向开关位置	开关端子	开关正常时的状态
◐	A	1、5 2、7	导通
◐	B	1、5 2、4	导通
◐	C	1、7 2、5	导通
◐	D	1、4 2、5	导通
◐	A	1、5 2、3	导通
◐	B	1、5 2、8	导通
◐	C	1、3 2、5	导通
◐	D	1、8 2、5	导通

3）如果开关未通过测试的任何一项，则更换开关总成。

4）如果开关正常，则重新安装现有后视镜控制开关。

3. 检测电动座椅调节开关

以本田雅阁电动座椅为例，步骤如下：

1）拨出调节开关的按钮，拆下开关罩，拔下调节开关的两个插头，从开关罩上拆下调节开关，如图 4-36 所示。

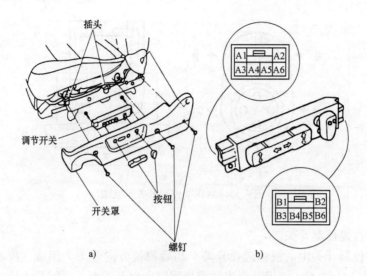

图 4-36 电动座椅调节开关检测示意图
a）拆下调节开关 b）调节开关端子

2）用万用表电阻档检查调节开关（前后移动调节开关）的导通情况，如果符合要求，则表明调节开关正常，如果不符合要求，则表明调节开关损坏，应更换调节开关。

3）插上电动座椅调节开关插头，检查电动座椅前后调整是否恢复正常，如果仍不能调整，则检查调节开关至前后移动调节电动机之间电路或前后移动调节电动机。

4）装上调节开关、开关罩和按钮。

调节开关导通情况见表4-6。

表 4-6 电动座椅调节开关导通情况

调节开关位置	调节开关对应端子	是否导通
接通向前移动调节	A1－B5、A4－B2	导通
接通向后移动调节	A1－B6、A4－B5	导通

4. 检查电动座椅调节电动机

1）拆下调节开关罩，拔下调节开关的两个插头，如图4-37所示。

2）蓄电池直接向前后移动调节电动机通电，检查前后移动调节电动机运转情况。

如果符合要求，则表明前后移动调节电动机正常。如果前后移动调节电动机不运转，则检查前后移动调节电动机或前后移动调节电动机与调节开关之间的电路。

调节电动机运转情况见表4-7。

3）拆下驾驶人座椅轨道端盖，拧下驾驶人座椅的固定螺栓（图中黑三角），如图4-37b所示，拆开座椅线束和线束夹，拆下驾驶人座椅。

4）拔下前后移动调节电动机插头，检查前后移动调节电动机是否正常。如果前后移动调节电动机损坏，则更换前后移动调节电动机。如果前后移动调节电动机正常，则检查前后移动调节电动机与调节开关之间导线是否断路。

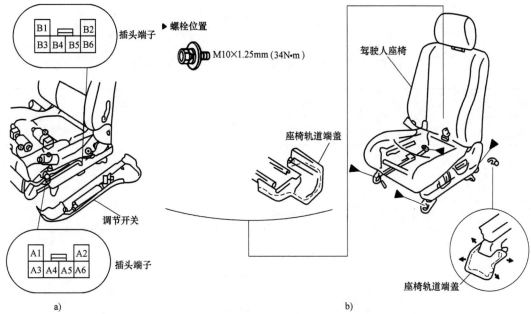

图 4-37 电动座椅调节电动机检测示意图
a) 拆下调节开关罩 b) 拆下驾驶人座椅

表 4-7 电动座椅调节电动机导通情况

接蓄电池正极端子	接蓄电池负极端子	前后调节电动机是否转动
A5	A1	是（向前）
A1	A5	是（向后）

5）装上驾驶人座椅。
6）装上调节开关罩。

三、检测练习

要求：各小组在老师的指导下，严格按照操作规范，合作进行拆装和更换。

四、总评

1）各组学习小结与体会。
2）教师对各组学习情况进行评分并总结。

任 务 工 单

任务 4-3　电动后视镜和电动座椅的检修

班　级		姓　名		学　号	
地　点				等　级	
工具准备					

任务过程

1. 电动后视镜总成端子检测

后视镜移动方向	端子 A	端子 B	端子 D
左侧后视镜-向内			
左侧后视镜-向外			
左侧后视镜-上升			
左侧后视镜-下降			
右侧后视镜-向内			
右侧后视镜-向外			
右侧后视镜-上升			
右侧后视镜-下降			

2. 后视镜开关检测

后视镜选择开关位置	后视镜方向开关位置	开关端子	检测结果
◐	A	1、5 2、7	
◐	B	1、5 2、4	
◐	C	1、7 2、5	
◐	D	1、4 2、5	
◐	A	1、5 2、3	
◐	B	1、5 2、8	
◐	C	1、3 2、5	
◐	D	1、8 2、5	

(续)

任务过程	3. 电动座椅开关检测			
	调节开关位置	调节开关对应端子		检测结果
	接通向前移动调节	A1 – B5、A4 – B2		
	接通向后移动调节	A1 – B6、A4 – B5		
	4. 电动座椅调节电动机检测			
	接蓄电池正极端子	接蓄电池负极端子		检测结果
	A5	A1		
	A1	A5		

	考评项目		分　值	教师考核	备　注
考核评价	素质考评	团队协作	10分		
		语言表达	10分		
		实训纪律	10分		
	过程考评	工具使用	10分		
		任务实施	30分		
		完成情况	20分		
		工位整理	10分		
	合　计				

任务4-4 中央门锁控制系统及防盗系统的检修

任务导入

随着汽车技术的发展和人们对车辆舒适性、安全性要求的不断提高，现代汽车已广泛使用中央门锁控制系统（以下简称"中控锁"）和防盗系统。随着中控锁和防盗系统的技术更新，汽车故障诊断与维修也增加了不少难度。

任务分析

现代轿车采用的中控锁系统采用集中控制的方式控制所有车门、行李箱门及油箱盖的上锁或开锁，并具有钥匙禁闭安全功能。汽车防盗系统，是指防止汽车本身或车上的物品被盗所设的系统，它由电子控制的遥控器或钥匙、电子控制电路、报警装置和执行机构等组成。本单元通过对中控锁及防盗系统故障的诊断、拆卸、检修、安装调整过程的实施与学习，要求学生在知道结构和工作原理等理论知识的同时，能够独立完成中控锁及防盗系统各部件的拆装、维护及检修。

相关知识

一、中控锁系统

为提高汽车使用的便利性和行车的安全性，现代汽车越来越多地安装中控锁，如图4-38所示。

汽车门锁最初与普通门锁没有什么区别，是由各个车门单独机械控制的（现在载货汽车的门锁还是如此）。作为对传统车锁在功能上的补充，中控锁在传统车锁的基础上又增加了中控锁控制单元、控制按键、带有相应执行能力的门锁以及监测各执行机构工作状况的传感器，带有遥控功能的钥匙也是重要的部件之一。

图4-38 汽车中控锁

1. 中控锁的优点

1）中央控制：当驾驶人锁住其身边的车门时，其他车门也同时锁住，驾驶人可通过门锁开关同时打开各个车门，也可单独打开某个车门。

2）速度控制：当行车速度达到设定车速时，各个车门能自行锁上，防止乘员误操作车门把手而导致车门打开。

3）单独控制：除在驾驶人车门以外，还在其他车门设置单独的弹簧锁开关，可独立地控制一个车门的打开和锁止。

2. 中控锁的分类

1）起动钥匙直接控制：是现代普通汽车运用最多的方式，它由钥匙、主控制锁体、分动锁体组成。

2）遥控器与钥匙同时控制：按动钥匙上的开锁键，钥匙内的芯片会发出开锁信号，同时安装在车门内或者车内其他地方的闭锁器会收到该信号开启车门，如图4-39所示。

3）电子智能感应控制：电子智能感应控制式中控锁只有现代高级轿车才安装，只要将钥匙放在口袋里，靠近汽车一定距离时，车门锁便会自动打开。进入车内，只需按动起动按钮（或旋钮），汽车即可点火起动，此功能是目前中、高级轿车上多采用的"无钥匙进入系统"，如图4-40所示。

图4-39　遥控器与钥匙同时控制的中控锁

图4-40　无钥匙进入系统车门感应开关

3. 中控锁的组成

中控锁系统包括电动门锁开关（中控锁开关）、门锁控制器和门锁执行器。

1）门锁开关：大多数中控锁的开关都是由总开关和分开关组成，总开关装在驾驶人身旁车门上，驾驶人操纵总开关可将全车所有车门锁住或打开（与电动车窗等组合在一起）；分开关装在其他各个车门上，可单独控制一个车门。

2）门锁执行机构：中控锁执行机构是用于执行驾驶人的指令，将门锁锁止或开启的。门锁执行机构有电磁式、直流电动机式等驱动方式。其结构都是通过改变极性转换其运动方向而执行锁门或开门动作的。

电磁式执行机构内设2个线圈，分别用来开启、锁闭门锁。门锁集中操作按钮平时处于中间位置，当给锁门线圈通正向电流时，衔铁带动连杆左移，门被锁住；当给开门线圈通反向电流时，衔铁带动连杆右移，门锁被打开。

直流电动机式执行机构通过直流电动机转动并经传动装置（传动装置传动方式有螺杆传动、齿条传动和直齿轮传动）将动力传给门锁锁扣，使门锁锁扣进行开启或锁止。由于直流电动机能双向转动所以可以通过电动机的正反转实现门锁的锁止或开启。这种执行机构与电磁式执行机构相比，耗电量较小。

3）门锁控制器：门锁控制器是为门锁执行机构提供锁止或开启脉冲电流的控制装置，如图4-41所示。无论何种门锁执行机构都是通过改变执行机构通电电流方向来控制连杆左右移动，实现门锁的锁止和开启的。门锁控制器的种类很多，按其控制原理大致可分为晶体管式和车速感应式等门锁控制器。

晶体管式门锁控制器内部有 2 个继电器，1 个管锁门，1 个管开门。继电器由晶体管开关电路控制，综合利用电容器的充放电过程控制一定的脉冲电流持续时间，使执行机构完成锁门和开门动作。

车速感应式门锁控制器装有一个车速感应开关，当车速大于 10km/h 时，若车门未上锁，驾驶人不需动手，门锁控制器自动将门上锁。

4. 中控锁的工作原理

1）当用钥匙（或拔出左门的门锁操纵杆）来打开门锁时，由于门锁通过连接杆与前车门锁执行元件相连接，连杆被向上拉起，车门锁执行元件中的门锁开关与锁体触点闭合（开门），控制单元收到（开门）信号后，立即控制主门锁执行器工作，同时主执行器给另外 3 个副执行器（开门）信号。4 个车门及行李箱门同时开启。

2）当用钥匙（或按下左门的门锁操纵杆）来锁住车门时，连接杆被压下，车门锁执行元件中的门锁开关与门锁触点闭合（关门），控制单元收到（关门）信号后，立即控制主门锁执行器工作，同时主执行器给另外 3 个副执行器（关门）信号。4 个车门及行李箱门同时进入锁止状态。

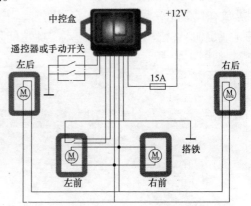

图 4-41 中控锁连接电路

3）中控锁连接电路如图 4-41 所示。

二、防盗系统

防盗系统是指防止汽车本身或车上的物品被盗所设的系统。它由电子控制的遥控器或钥匙、电子控制电路、报警装置和执行机构等组成。最初汽车上装备了车门玻璃、门锁等机构以阻止盗贼进入车辆，以及为防止盗贼拆卸零件而设计的专用套筒扳手等。现代的汽车又采用了电动车窗、中央门锁系统、遥控门锁系统等，这些系统主要为方便用户而设计，并不能有效防止车辆被盗，因此现代汽车都装备专门的防盗系统，同时具备遥控、警报、防起动等功能。其中防起动系统是最有效的防盗方式，可以有效防止汽车在未被授权的情况下靠自己本身的动力被开走。

汽车防盗系统实质上是一种安装在车上，用来增加盗车难度，延长盗车时间的装置。

1. 防盗系统的功能

为了适应市场的需求，汽车防盗系统除了具有防盗功能外，还增加了许多方便使用的附加功能（也称便民功能）。现代汽车防盗系统一般同时具有以下功能：

（1）遥控和警报功能 遥控功能包括遥控中央门锁、遥控电动门窗、遥控开启行李箱、遥控起动、寻车和阻吓等功能。遥控功能是防盗系统基本功能之一，因此，大部分防盗系统又称为"遥控防盗系统"。警报功能具有振动探测、门控保护及微波或红外探头等功能，当车辆被触动或有人非法进入时会发出声音、灯光等警报信号。汽车遥控防盗系统应由下面几个部分组成：

1) 主机部分：即遥控防盗系统控制单元，它是防盗系统的核心和控制中心。

2) 感应探测部分：它由传感器或探头组成，目前普遍使用的是振荡传感器，微波及红外探头应用较少。

3) 门控部分：包括发动机舱盖开关、车门开关及行李箱开关等。

4) 报警部分：防盗喇叭。系统被触发或动作（开、闭锁）时发出警报。

5) 遥控器部分：包括按键和指示灯。

6) 其他部分：包括配线、继电器和熔丝等。

(2) 遥控器的传输密码　汽车遥控防盗系统的遥控器发射机与主机系统之间除了要有相同的发射和接收频率之外，还要有密码才能相互识别。防盗系统的密码是一组由不同方式组合的数据，它一方面记载着防盗系统的身份信息（身份码），区别各个防盗系统的不同，另一方面，它又包含着防盗的功能指令信息（指令码），负责开启或关闭防盗系统，控制完成防盗系统的一切功能。汽车遥控防盗系统根据密码发射方式的不同可分为定码和跳码两种类型。早期防盗系统多采用定码方式，但由于其自身缺点，现已逐渐被技术上较为先进、防盗效果较好的跳码防盗系统所取代。下面就两种不同类型防盗系统的原理、特点等分别加以介绍。

1) 定码防盗系统：早期的遥控式汽车防盗系统是主机与遥控器各有一组相同的密码，遥控器发射密码，主机接收密码，从而完成防盗系统的各种功能，这种密码发射方式称为第一代固定码发射方式（简称定码发射方式）。定码发射方式在汽车防盗系统中的应用并不普及，而且既不可靠又不安全，原因有三：

①密码量少，容易出现重复码，即发生一个遥控器控制多部车辆的现象。

②遥控器丢失后，若单独更换遥控器极不安全，除非连同主机一道更换，但费用过高。

③安全性差，密码易被复制或盗取，从而使车辆被盗。

2) 跳码防盗系统：由于定码防盗系统存在上述不安全的问题，在20世纪90年代中期推出了跳码防盗系统，其特点如下：

①遥控器的密码除了身份码和指令码外，又多了一个跳码部分。跳码即密码依一定的编码函数，每发射一次，密码随机变化一次，密码不会被轻易复制或盗取，安全性极高。

②密码组合上亿组，从根本上杜绝了重复码。

③主机可以与遥控器之间按特定程序相互识别（即遥控设定），若遥控器丢失，可安全且低成本地更换或复制遥控器。

(3) 防起动功能　大部分汽车原厂家设计和安装的遥控防盗系统集遥控、警报、防起动为一体。原厂的防起动系统大多采用专门的防起动电控单元或在发动机电控单元中设置防盗功能，并且在点火钥匙中置入一块带有起动密码的缩微电子芯片，在起动时，防起动系统将会对点火钥匙的密码进行认证，认可后方能起动发动机。这种系统可有效地防止非法配置点火钥匙盗车。点火钥匙在汽车出厂时就已配备，其性能良好，且对电路和控制装置没有电波信号干扰。

防起动系统一般有以下几种类型：

1) 起动电路控制防起动系统：这种防起动系统是在车主离开汽车并设定防盗系统后，如有人非法进入车内，并试图用非法配制的点火钥匙起动车辆时，起动机电路受防起动系统的作用，将使起动机无法运转，从而防止车辆被盗。这种防起动系统比较容易被破解，只要盗贼采用直接供电的方式使起动机运转，就可以开走车辆，所以已经很少采用了。

2）点火控制防起动系统：这种防起动系统是在系统被触发时，点火电路受防起动系统的作用，拒绝提供发动机运转所需的点火功能，并通过声响及灯光报警装置向车主或车场保管人员通报。如果点火控制型防起动系统在车辆正常使用或维修中被意外触发，由于供油系统还能正常供油，可能因供油量太大导致机械事故或发生火灾，因此也很少采用了。

3）油路控制防起动系统：其基本原理与点火控制防盗系统相似，只要该系统进入工作状态，发动机 ECU 就会切断喷油控制电路（有的车型也同时切断汽油泵电路），起动防起动功能。这种防起动系统比较可靠，因此大部分防起动系统都采用切断喷油器控制信号来防止车辆被非法起动。

4）多重控制防起动系统：有一些车型，例如上海别克汽车的防起动系统被触发后，起动机电路及喷油器信号同时锁止，如果强行给起动机供电，发动机仍然不能起动。大部分 2000 年以后的新款车型，防起动系统被触发后，ECU 将点火及喷油器信号同时锁止。点火钥匙的起动密码除了极少数车型采用定码（如早期的通用公司）以外，大部分采用跳码形式，每一次起动的密码都随机改变，几乎不可能破解。

Volvo 汽车公司的 S80 型轿车采用一套新型防盗系统，其中既有机械方式，也有电子方式，还有防砸功能。它的车门钥匙锁芯可以无阻力旋转，当盗贼用螺钉旋具或其他坚硬物体撬锁时，该锁芯可随撬动物体的旋转方向转动，而无法撬开。打开电子静止状态控制时，一旦车主离开汽车，如有人想移动该车，车辆就会拒绝进入行驶状态。它的风窗玻璃、后窗玻璃和车门玻璃都是采用特种玻璃，即使用铁锤或铁棒击打，玻璃也不会出现缝隙和漏洞，盗贼的手无法伸进车内将车门打开。

有的电子公司采用指纹或声音来进行驾驶人合法身份的识别。但是指纹或声音识别技术有实用的局限性。当他人借车时，车主必须授权方可驾驶。

新一代奔驰车型的驾驶者识别系统（DAS）采用的钥匙被称为智能钥匙或电子钥匙。该车并无机械点火锁，当一把电子钥匙的楔形舌片插入点火开关时，此电子钥匙就发出一个红外密码数据信号，点火开关 ECU 接收到信号，并将其与存储器内的密码相对比，如果两密码相同，ECU 就打开转向盘锁。此外，发动机 ECU 与点火开关 ECU 还要进行密码识别，识别正确发动机才能起动。该密码采用随机码方式，即每起动一次，密码就会发生变化。

2. 奥迪 A6 电子防盗控制系统的组成及工作原理

（1）奥迪 A6 发动机防盗锁止控制系统组成与工作原理

1）组成：带脉冲转发器的遥控钥匙、点火锁芯上的读识线圈、防盗器 ECU（与组合仪表一体）、发动机 ECU 及组合仪表上的防盗警报指示灯等。

2）基本原理：打开点火开关后，组合仪表内的防盗电控单元通过单线传输信号给钥匙，钥匙获得信号输出固定码给防盗电控单元，并与防盗电控单元内的固定码比较（固定码的传输），如果固定码一致，防盗电控单元随机产生一组变码传输给应答钥匙，在钥匙内经过算式 A 运算后将结果发给防盗电控单元，返回的结果与防盗电控单元本身按算式 A 计算的结果比较（可变码的传输），如果两者计算结果相同，防盗电控单元将发送信号给发动机电控单元，这时发动机电控单元也会随机产生一组变码，这组变码传输给防盗电控单元，这时防盗电控单元会按算式 B 进行计算，再将结果传输给发动机电控单元，与由发动机电控单元按算式 B 计算出的结果比较（可变码的传输），如结果一致，则发动机电控单元允许起动，如果核对后代码不一致，发动机将在起动后 2s 内熄灭，停止工作。

（2）奥迪 A6 防盗报警系统组成　奥迪 A6 防盗报警系统包括中央门锁防盗控制系统（图 4-42）与内部监控控制系统（图 4-43），这两个系统主要也由信号输入装置（传感器）、控制单元及执行元件三部分组成。

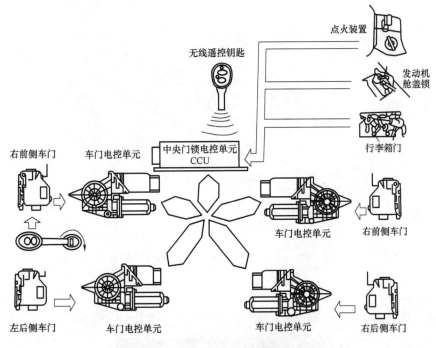

图 4-42　中央门锁防盗报警控制系统

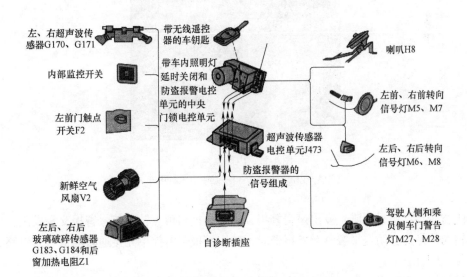

图 4-43　奥迪 A6 内部监控系统组成

1）传感器：包括超声波传感器、发动机舱盖报警开关传感器、行李箱门开关传感器、车门开关传感器等，用来探测是否发生非法进入汽车或非法打开汽车各监控部位的情况。

2)电控单元包括防盗报警电控单元即中央门锁控制模块(防盗报警电控单元、中央门锁电动机、车内照明灯延时关闭共用一个电控单元,装在超声波电控单元的前面)、超声波电控单元(装在行李箱左内侧),其安装位置如图4-44所示。

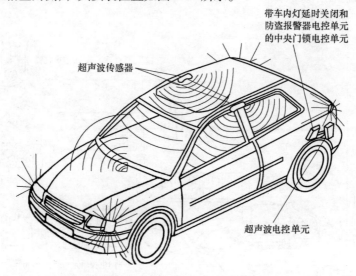

图4-44 奥迪A6内部监控电子电控单元位置

3)执行元件

①内部监控开关:能够中断内部监控器的监控功能,如图4-45所示。

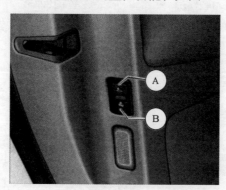

图4-45 内部监控开关
A—内部监控开关 B—防牵引控制开关

②防盗警报器信号喇叭:发出声音警报,声音警报与可见转向信号警报交替发出。

③转向信号灯:防盗报警器触发报警时,防盗报警器电控单元接通转向信号灯电路,发出闪光信号(闪烁)。

④警告灯:由发光二极管组成,由超声波电控单元触发,闪烁频率表示内部监控系统的状态,也可用作自诊断辅助指示灯。

(3)防盗报警系统基本工作原理 防盗报警系统被激活时,防盗报警电控单元(中央门锁控制模块)将直接监控收音机(奥迪原装收音机装置)、所有车门、发动机舱盖和行李箱门等处，同时位于左、右 B 柱上部装饰板内的超声波传感器将监视侧窗（汽车内部空间），并将监视信号传至超声波传感器电控单元。如果超声波传感器的监视信号有波动，超声波传感器电控单元将通过防盗报警系统电控单元发出警报；同样如用非法钥匙开门、撬动发动机舱盖、行李箱门等处，防盗报警电控单元也会直接控制声光报警。

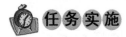

一、实施环境

1）汽车实训基地。
2）扳手、螺钉旋具。
3）翼子板护裙、转向盘护套、座椅护套和脚垫。
4）日产骐达 TIIDA 轿车或教学整车一辆。
5）数字万用表、夹子钳、塞尺、连接电缆、电流表、试灯、稳压电源等。
6）日产骐达 TIIDA 轿车维修手册。

二、实施步骤

1. 中控门锁系统的拆卸与安装

1）前车门锁的拆装。
2）后车门锁的拆装。
3）拆卸和安装行李箱门锁。
4）拆卸和安装行李箱门锁扣：拆卸行李箱后板和行李箱后饰件；拆下固定螺栓，再从行李箱锁支架上拆下锁扣。按照与拆卸相反的顺序安装。

2. 防盗系统常见故障诊断

（1）安全防盗系统无法正常解除或启用

1）检查是否能执行"防盗系统诊断系统检查"，如果不能执行，则检查诊断系统的电路；如果能执行，则进行下一步。
2）打开驾驶侧和乘客侧车窗，从点火开关中拔出钥匙，关闭所有车门、行李箱门和发动机舱盖，用发射器锁上各车门。检查安全防盗系统是否启用（当启用了安全防盗系统时，车辆将通过鸣响报警器报警并闪烁一次转向信号灯）。如果不能启用，则检查防盗警报器是否接触不良；如果能启用，则进行下一步。
3）在防盗系统仍然启用时用钥匙打开车门锁，检查安全防盗系统是否被解除（当安全防盗系统被解除时，车辆将闪烁两次转向信号灯）。
4）测试防盗报警器是否接触不良。
5）将顶灯切换至中间位置（DOOR），用发射器打开所有车门锁，观察门控灯，打开并关闭每个车门。操作所有车门时，观察门控灯是否亮。如果亮，则进行步骤 9；如果不亮，则进行下一步。
6）断开发动机舱盖开关，尝试启用安全防盗系统。如果安全防盗（CTD）系统能启用，则进行步骤 11；如果不能启用，则进行下一步。
7）测试发动机舱盖开关信号电路是否搭铁短路。如果存在搭铁短路，则应修理或更换；

如果没有搭铁短路，则进行下一步。

8）测试智能开关单元是否接触不良。如果存在接触不良，则应修理或更换；如果不存在接触不良现象，则进行步骤12。

9）测试钥匙提示电路是否对地短路。如果存在对地短路，则应修理或更换；如果没有搭铁短路，则进行下一步。

10）更换点火开关，然后进入步骤13。

11）更换发动机舱盖开关，然后进入步骤13。

12）更换智能开关单元（ISU），然后进入步骤13。

13）运行系统，检验修理效果。

（2）安全防盗系统不能用钥匙锁芯解除

1）检查是否能执行"防盗系统诊断系统检查"，如果不能执行，检查诊断系统的电路；如果能执行，则进行下一步。

2）接通点火开关，但不起动发动机，安装故障诊断仪。选择"ISU Central Door Locking Data Display（ISU 中央门锁数据显示）"。观察"Tamper Switch（防撬开关）"参数是否显示"INACTIVE（未起动）"。如果不显示，则进行步骤6；如果显示，则进行下一步。

3）将不工作的钥匙锁芯开锁，观察"Tamper Switch（防撬开关）"参数是否显示"ACTIVE（起动）"。如果显示，则进行步骤8；如果不显示，则进行下一步。

4）断开不工作的防撬开关插接器，测试防撬开关接地电路是否开路。如果存在开路，则修理或更换后进入步骤11；如果不存在开路，则进行下一步。

5）测试门锁防撬开关信号电路是否开路。如果存在开路，则修理或更换后进入步骤11；如果不存在开路，则进行步骤7。

6）测试门锁防撬开关电路是否搭铁短路。如果存在短路，则修理或更换后进入步骤11；如果不存在短路，则进行步骤7。

7）测试不工作的门锁防撬开关是否接触不良。如果存在接触不良，则修理或更换后进入步骤11；如果不存在，则进行步骤9。

8）测试智能开关单元是否接触不良。如果存在接触不良，则修理或更换后进入步骤11；如果不存在，则进行步骤10。

9）更换不工作的门锁防撬开关，然后进入步骤11。

10）更换智能开关单元（ISU），然后进入步骤11。

11）运行系统，检验修理效果。

三、检测和故障诊断练习

要求：各小组在老师的指导下，严格按照操作规范，合作进行拆装和更换。

四、总评

1）各组学习小结与体会。

2）教师对各组学习情况进行评分并总结。

任 务 工 单

任务4-4 中央门锁控制系统及防盗系统的检修

班 级		姓 名		学 号	
地 点				等 级	
工具准备					
任务过程	\multicolumn{5}{l}{1. 用钥匙开锁的车辆现象}

工具准备	
任务过程	1. 用钥匙开锁的车辆现象 　观察行李箱变化；四门门锁状态；转向灯；是否有声音提示；顶棚灯变化。若蓄电池无电如何开门锁？该如何开启行李箱？ 2. 用钥匙锁止的车辆现象 　观察行李箱变化；四门门锁状态；转向灯；是否有声音提示；顶棚灯变化。若蓄电池无电如何锁止四门？锁止车辆后，内部可否开启车门？几下可拉开内把手？如果后座上做孩子，如何保证孩子的安全？ 3. 开锁键，锁止键检查 　连续两下或单按钥匙的开锁键有什么区别？连续两下或单按钥匙的锁止键有什么区别？长按开锁键会怎样？长按锁止键会怎样？ 4. 锁车后，不小心按了开锁键会怎么样 5. 左前门未关，可否中控锁止；右前门未关，可否中控锁止 6. 如何遥控开启行李箱；开锁后如何锁止行李箱；行李箱本车有几种开启方式 7. 画出中控锁逻辑简图

考核评价	考评项目		分 值	教师考核	备 注
	素质考评	团队协作	10分		
		语言表达	10分		
		实训纪律	10分		
	过程考评	工具使用	10分		
		任务实施	30分		
		完成情况	20分		
		工位整理	10分		
	合　计				

本项目小结

本项目把汽车辅助电器系统分成电动刮水器系统及洗涤器、电动车窗和电动天窗、电动后视镜和电动座椅、中央门锁控制系统及防盗系统四个部分，深入认识了各系统的结构、工作原理和检修方法。其中掌握各系统的电路结构与工作过程对本项目知识的理解非常重要。

在任务实施的故障诊断和维修中，按照维修实际流程，对故障进行了分析、维修资料运用、电路分析、元件检测、故障排除等步骤，要求学生能掌握对上述系统故障诊断和检测的能力。

思考题

1）简述刮水器电动洗涤器的检测步骤？
2）电动车窗主要由哪些部件组成？其中玻璃升降器主要有哪几种？
3）结合电动车窗与电动天窗分析双向电动机的检查思路？
4）简述电动座椅各向调节的工作原理？

项目 5　汽车舒适与安全系统的检修

 学习目标

1. 知识目标

（1）熟悉汽车空调系统的组成与原理，掌握汽车空调的故障诊断方法

（2）熟悉汽车安全气囊的组成与原理，理解汽车安全气囊的故障诊断方法

（3）理解汽车倒车雷达系统的原理与故障诊断方法

（4）熟知汽车巡航系统的原理与故障诊断方法

2. 能力目标

（1）能读懂汽车舒适与安全系统的基本电路

（2）能对汽车舒适与安全系统的各零部件总成进行检测维修

（3）能完成汽车舒适与安全系统的故障诊断与排除

任务 5-1　空调系统的检修

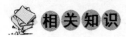 任务导入

在汽车空调使用过程中，经常出现"制冷剂泄漏"、不制冷等故障，要解决这些故障，作为一名合格的汽车维修技师，首先要明确汽车空调各部分的作用、位置及工作原理，然后才能在分析检测的基础上，快速的排除各种故障，确保空调的正常工作，满足乘客需求。

任务分析

本单元讲述了汽车空调系统各部件的组成、结构及检修方法，要求学生能独立完成汽车空调制冷制热系统维护及检修。

相关知识

一、汽车空调的特点

汽车空调是以发动机的动力为代价来调节车厢内空气环境的。与室内空调相比，汽车空调主要有如下特点：

1）汽车空调安装在行驶的车辆上，承受着剧烈频繁的振动和冲击，因此，各部件应有足够的强度和抗振能力，插头应牢固并防漏，否则将会造成汽车空调制冷系统的泄漏，严重的会损坏制冷系统的压缩机等部件。

2）汽车空调所需的动力均来自发动机。其中轿车、轻型汽车、中小型客车及工程机械车辆，空调所需的动力和驱动汽车的动力均来自同一台发动机，这种空调称为非独立空调系

统。大型客车和豪华型大、中客车，由于所需制冷量和暖气量大，一般采用专用发动机驱动制冷压缩机并设立独立的取暖设备，故称之为独立式空调系统。

3）汽车空调的特定工作环境要求汽车空调的制冷、制热能力尽可能的大。其原因如下：

①夏天车内的乘客密度大，产热量大，热负荷高；冬天采暖时人体所需的热量也大。

②为了减轻自重，汽车隔热层一般很薄，加上汽车门窗多，面积大，所以汽车隔热性差，热损大。

③汽车的工作环境因在野外，直接受阳光、霜雪、风雨等的影响，环境变化剧烈。要使汽车空调在最短的时间里在车厢内达到舒适的环境，就要求其制冷量特别大。

4）由于汽车本身的特点，要求汽车空调结构紧凑，重量轻、体积小，能在有限的空间进行安装。目前空调的总重量比20世纪60年代下降了50%，而制冷能力却提高了50%。

5）汽车空调的供暖方式与室内空调完全不同。对于非独立式汽车空调，一般利用发动机的冷却液或废气余热供暖，而室内空调则是利用一个电磁阀来改变制冷剂量。

二、汽车空调的制冷和暖风系统的结构及作用

汽车空调制冷系统主要由空调压缩机、冷凝器、蒸发器、膨胀阀、储液干燥器五种部件组成。这些部件通过高压蒸气管路、高压液体管路和低压蒸气管路连接成空调系统，如图5-1所示。

1. 制冷系统的结构及作用

（1）压缩机　其作用是使制冷剂完成从气态到液态的转变过程，达到制冷剂散热凝结的目的，同时在整个空调系统，压缩机还是管路内介质运转的压力源，没有它，系统不仅不制冷而且还失去了运行的动力。

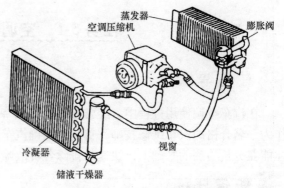

图5-1　汽车空调制冷系统组成

（2）蒸发器　蒸发器也是一种热交换器，因而也称为冷却器，是制冷循环中获得冷气的直接器件。其作用是将来自热力膨胀阀的低温、低压液态制冷剂在其管道中蒸发，使蒸发器和周围空气的温度降低，同时对空气起减湿作用。

（3）储液干燥器　储液干燥器简称储液器，安装在冷凝器和膨胀阀之间，其作用是临时储存从冷凝器流出的液态制冷剂，以便制冷负荷变动和系统中有微漏时，能及时补充和调整供给热力膨胀阀的液态制冷剂量，以保证制冷剂流动的连续性和稳定性。同时，可防止过多的液态制冷剂储存在冷凝器里导致冷凝器传热面积减少而使散热效率降低。而且，还可滤除制冷剂中的杂质，吸收制冷剂中的水分，以防止制冷系统管路脏堵和冰塞，保护设备部件不受侵蚀，从而保证制冷系统的正常工作。

（4）冷凝器　汽车空调制冷系统中的冷凝器是一种由管子与散热片组合起来的热交换器。其作用是将压缩机排出的高温、高压制冷剂蒸气进行冷却，使其凝结为高压制冷剂液体。

(5) 膨胀阀　膨胀阀也称为节流阀,是组成汽车空调制冷系统的主要部件,安装在蒸发器入口处,是汽车空调制冷系统的高压与低压的分界点。其功用是把来自储液干燥器的高压液态制冷剂节流减压,调节和控制进入蒸发器中的液态制冷剂量,使之适应制冷负荷的变化,同时可防止压缩机发生液击现象(即未蒸发的液态制冷剂进入压缩机后被压缩,极易引起压缩机阀片的损坏)和蒸发器出口蒸气异常过热现象。

2. 暖风系统的结构及作用

为了节省能源,大多数汽车空调暖风系统采暖使用发动机循环冷却液。在制暖时,空调压缩机等制冷系统部件不参与工作,

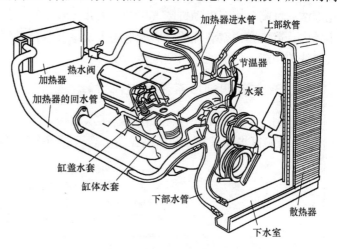

图 5-2　汽车空调暖风系统组成

热能来源于汽车发动机的冷却液。发动机的热量以传导方式被冷却液吸收,流动的高温冷却液进入加热器,使加热器得到加热,低温空气流经加热器,空气被加热,达到制热的目的。制热系统的部件有加热器、节温器、水泵、散热器、热水阀等,如图 5-2 所示。

三、汽车空调的组成功能及性能评价指标

1. 汽车空调系统的组成

汽车空调系统一般由以下五个系统组成。

1) 制冷系统:对汽车室内空气或由外部进入汽车室内的新鲜空气进行冷却或除湿,使汽车室内空气变得凉爽舒适。

2) 暖风系统:用于取暖,对汽车室内空气或由外部进入汽车室内的新鲜空气进行加热,达到取暖、除湿的目的。

3) 通风系统:将新鲜空气吸进汽车室内,起通风和换气作用。同时,通风除去汽车室内空气中的尘埃、臭味、烟气及有毒气体,使汽车室内空气变得清洁。

4) 控制系统:对制冷和暖风系统的温度、压力进行控制,同时对汽车室内空气的温度、风量、流向进行控制,完善空调系统的正常工作。

2. 汽车空调系统的性能指标

汽车空调为满足乘员的舒适性要求,应完成调温、调湿、通风、滤气四大功能。衡量这些功能的指标有以下几个。

(1) 温度指标　温度指标是最重要的一个环节。人感到最舒服的温度是 20~28℃,超过 28℃,人就会觉得燥热。超过 40℃,即为有害温度,会对人体健康造成损害。低于 14℃人就会觉得冷。当温度下降到 0℃时,可能会造成冻伤。因此,空调应控制车内温度夏天在 25℃左右,冬天在 18℃左右,以保证驾驶人正常操作,防止发生事故,保证乘员在舒适的状况下旅行。

(2) 湿度指标　湿度指标用相对湿度来表示。人觉得最舒适的相对湿度在 50%~70%,

汽车空调的湿度参数应控制在此范围内。

（3）空气的清新度 由于空间小，乘员密度大，在密闭的空间内极易产生缺氧和二氧化碳浓度过高。汽车发动机废气中的一氧化碳和道路上的粉尘，野外有毒的花粉都容易进入车厢内，造成车内空气浑浊，影响驾驶人及乘员身体健康。这样汽车空调必须具有对车内空气过滤的功能，以保证车内空气清新度。

四、汽车空调制冷系统的工作过程

整个制冷系统的工作过程如图 5-3 所示。

1）压缩机将气态制冷剂压缩成高温高压的制冷剂气体后排出压缩机。

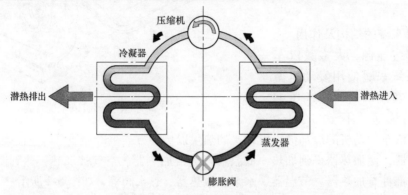

图 5-3 空调制冷系统工作过程

2）高温高压制冷剂气体经管路流入冷凝器后，在冷凝器内散热降温，冷凝成高温高压的液态制冷剂流出。

3）高温高压液态制冷剂经管路进入干燥储液器内，经过干燥、过滤后流进膨胀阀。

4）高温高压液态制冷剂经膨胀阀节流，状态发生急剧变化，变成低温低压的液态制冷剂。

5）低温低压液态制冷剂立即进入蒸发器内，在蒸发器内吸收流经蒸发器的空气热量，使空气温度降低，吹出冷风，产生制冷效果，制冷剂本身因吸收了热量而蒸发成低温低压的气态制冷剂。

6）低温低压的气态制冷剂经管路被压缩机吸入，进行压缩，进入下一个循环，只要压缩机连续工作，制冷剂就在空调系统中连续循环，产生制冷效果；压缩机停止工作，空调系统内制冷剂随之停止流动，不产生制冷效果。

五、汽车空调控制系统及原理

为了保证汽车空调系统正常工作，满足车内舒适性条件的要求，汽车空调需要由控制系统进行一系列控制。控制系统的控制功能包括车内温度控制、发动机负荷控制和安全保护控制。

1）车内温度控制：控制系统送风温度、送风量和送风方向，以调节车内温度。

2）发动机负荷控制：非独立式空调由发动机驱动，空调的运行会影响发动机负荷的变化，进而影响汽车的行驶性能。空调控制系统应协调发动机和空调的运行。

3）安全保护控制：当空调系统压力过大或温度过高时，会造成空调系统的损坏，因此，控制系统应能进行安全保护控制。

1. 常用控制装置

（1）电磁离合器　电磁离合器结构如图 5-4 所示，安装在压缩机的主轴上，其作用是接通或断开发动机的动力，使压缩机运转或停转。同时，当压缩机过载时，离合器打滑，起到一定的保护作用。电磁离合器有两种结构形式，一种是旋转线圈式，电磁线圈与带轮一起转动；另一种是固定线圈式，电磁线圈固定不动，是应用较多的一种结构形式。电磁离合器主要由压力板、带轮、电磁线圈等组成。电磁线圈固定安装在压缩机壳体上，压力板安装在压缩机主轴上，带轮通过轴承安装在压缩机主轴上，可以自由转动。电磁线圈的电路受压力开关和恒温器等控制，当电磁线圈断电时，带轮在压缩机主轴上空转，发动机的动力不能传递给压缩机，压缩机停转，如图 5-4a 所示；当电磁线圈通电时，压力板压向带轮，发动机的动力经带轮、压力板传递给压缩机，压缩机运转，如图 5-4b 所示。

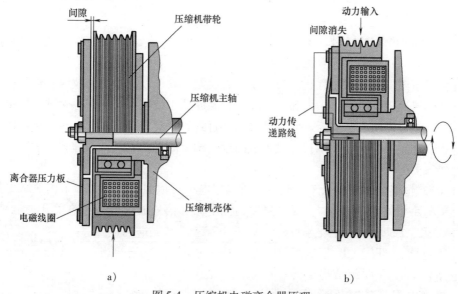

图 5-4　压缩机电磁离合器原理
a）压缩机停转　b）压缩机运转

（2）恒温器　恒温器的安装位置如图 5-5 所示，也称为温度控制器、温控开关、热敏开关等。恒温器安装在蒸发器表面，串联在压缩机离合器的电路中。其作用是检测蒸发器表面的温度，通过控制压缩机的通断来控制蒸发器表面的温度，从而调节车内温度，防止蒸发器表面因温度过低而结霜。常用的恒温器有波纹管式和热敏电阻式两种。

1）波纹管式恒温器：波纹管式恒温器又称为压力式恒温器、机械式恒温器，主要作用是控制蒸发器表面温度，防止蒸发器表面结霜而影响系统正常工作。波纹管式恒温器结构和工作原理如图 5-6 所示，其主要由感温系统、调温机构和触点开闭机构组成。

感温系统是由毛细管和波纹管组成的一个密闭腔，内部充满饱和状态的感温介质，毛细管插入蒸发器表面的翅片上，检测蒸发器出风口方向的表面温度。当蒸发器表面温度变化时，波纹管中感温介质的温度和压力也随之变化，使波纹管伸长或缩短，进一步控制触点开闭机构。调温机构由调节凸轮、转轴、调节螺钉、调节弹簧等组成，其功能是调节恒温器的工作点，进而调节蒸发器的表面温度。触点开闭机构由触点开关、弹簧、杠杆等组成，其功能是根据感温系统的动作，通过触点的开闭控制压缩机的通断。

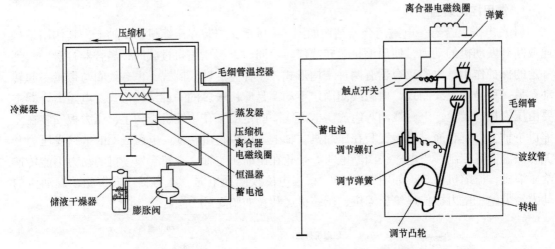

图 5-5 恒温器的安装位置　　　　　　图 5-6 波纹管式恒温器结构和工作原理

波纹管式恒温器的工作过程是：当蒸发器表面温度高于设定值时，波纹管伸长，触点开关闭合，压缩机运转，蒸发器表面温度下降；当温度低于设定值时，在弹簧的作用下，触点开关断开，压缩机停转，蒸发器表面温度上升，直到触点开关再次闭合，压缩机运转。此过程不断循环，蒸发器表面温度维持在设定值附近。调节凸轮位置和调节弹簧的预紧力，可以改变蒸发器表面温度设定值。

2）电子式恒温器：目前汽车空调中广泛采用电子式恒温器，并大多采用热敏电阻来实现。其控制电路如图 5-7 所示，主要由温度检测电路、信号放大电路和电子开关电路组成。其中热敏电阻、温度调整电阻等组成温度检测电路，VT_1、VT_2 组成信号放大电路，VT_3、VT_4 组成电子开关电路。热敏电阻是具有负温度系数的热敏电阻，通过小插片插在蒸发器出风口方向的翅片上，检测蒸发器表面温度。

当温度调整电阻设定后，B 点的电位高低取决于热敏电阻的大小。当车内温度高于设定温度时，热敏电阻阻值变小，B 点电位降低，晶体管 VT_3 截止，VT_4 导通，继电器线圈通电，触点闭合，接通压缩机

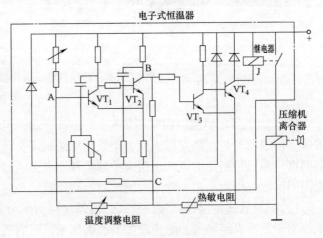

图 5-7 电子式恒温器控制电路

电磁离合器电路，压缩机运转，温度下降；当温度低于设定温度时，热敏电阻阻值增大，B 点电位升高，晶体管 VT_3 导通，VT_4 截止，继电器线圈断电，触点断开，切断压缩机电磁离合器电路，压缩机停转，温度上升。此过程不断循环，蒸发器表面温度维持在设定值附近。

调节温度调整电阻可改变 A 点电位，进而改变蒸发器表面设定温度。当温度调整电阻阻值减小时，A 点电位降低，晶体管 VT_1 截止，VT_2 导通，B 点电位降低，VT_3 截止，VT_4 导通，压缩机运转，设定温度降低；反之温度调整电阻阻值增大时，设定温度升高。

目前电子式恒温器都采用了专用集成电路模块，其电路大大简化，安装调试更加简便，可靠性提高，但其基本工作原理是相同的。

（3）压力开关　压力开关安装在制冷剂循环管路中，检测制冷循环系统的压力，当压力异常时启动相应的保护电路，防止造成系统的损坏。常见的压力开关主要有高压开关、低压开关、双重压力开关和三重压力开关等。

1）高压开关。汽车空调在使用中，当出现散热片堵塞、冷却风扇不转或制冷剂过量等不正常状况时，系统压力会过高，若不加控制，过高的压力会损坏系统元件。

高压开关安装在高压管路中，一般装在储液干燥器上，串联在压缩机电磁离合器电路或冷凝器风扇电路中。当系统压力过高时，高压开关动作，切断离合器电路或接通冷却风扇高速档电路，防止压力继续升高，避免造成系统的损坏。

高压开关有常开型和常闭型两种类型，其结构如图 5-8 所示。常开型高压开关串联在冷凝器风扇电路中，膜片上方通高压制冷剂，下方作用有一弹簧。正常情况下，制冷剂压力低于弹簧压力，触点断开，冷凝器风扇低速运转；当制冷剂压力异常升高时，制冷剂压力大于弹簧压力，触点闭合，冷凝器风扇高速运转，加强冷却。常闭型高压开关串联在压缩机电磁离合器电路中，正常情况下，制冷剂压力低于弹簧压力，触点闭合，压缩机运转；当制冷剂压力异常升高时，制冷剂压力大于弹簧压力，触点断开，压缩机停止运转；当制冷剂压力下降到正常值时，触点闭合，压缩机恢复运转。

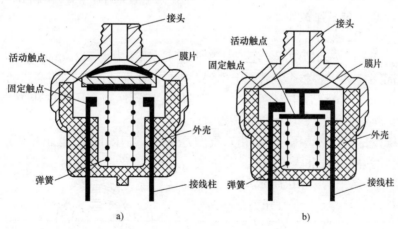

图 5-8　高压开关
a）常开型高压开关　b）常闭型高压开关

2）低压开关。当制冷系统的制冷剂不足或泄漏时，冷冻润滑油也有可能随之泄漏，造成空调系统润滑不良，如果压缩机在缺油状态下运行，将导致严重损坏。

低压开关通常用螺纹接头直接安装在高压管路中，串联在电磁离合器电路中。其结构与常开型高压开关相似，当制冷剂压力正常时，动触点接通压缩机电磁离合器电路；当压缩机排出的制冷剂压力过低时，低压开关断开，切断电磁离合器电路，压缩机停止运行，防止损坏压缩机。

此外，当环境温度过低时，制冷剂的温度和压力也随之降低，低压开关也会断开。例如：使用 R12 制冷剂的空调系统，当环境温度低于 10℃ 时，制冷剂压力为 0.423MPa，此时低压开关断开，压缩机停止运转，从而减少动力消耗，达到节能的目的。

3) 双重压力开关。新型的空调制冷系统是把高低压开关组合成一体，成为双重压力开关，安装在储液干燥器上面，这样就减少了压力开关的数量和接口，从而减少了制冷剂泄漏的可能性。双重压力开关的结构如图5-9 所示。

双重压力开关的工作原理是：当高压制冷剂的压力正常时，压力保持在 0.423 ~ 2.75MPa，金属膜片处在平衡位置，高压触头 14、15 和低压触头 1、2、6、7 都闭合，电流从 6、7 触头到高压触头 14、15 后再从 1、2 触头出来；当制冷压力下降到 0.423MPa 时，弹簧压力将大于制冷剂压力，低压触头

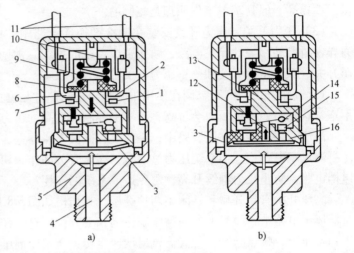

图 5-9 双重压力开关
a）制冷压力小于 0.423MPa 时　b）制冷压力大于 2.75MPa 时
1、7—动低压触头　2、6—静低压触头　3—膜片　4—制冷剂压力通道
5—开关座　8—绝缘片　9—弹簧　10—调节螺钉　11—接线柱　12—顶销
13—钢座　14—动高压触头　15—静高压触头　16—膜片座

1、2 和 6、7 脱开，电流随即中断，压缩机停止运行；当压力大于 2.75MPa 时，制冷剂压力继续压迫金属膜片上移，将整个装置往上推到上止点，并推动顶销 12 将高压动触头 14 与高压静触头 15 分开，将离合器电路断开，压缩机停止运行；当高压端的压力小于 2.17MPa 时，金属膜片恢复正常位置，压缩机又开始运行。

4) 三重压力开关：三重压力开关由双重压力开关（高压开关、低压开关）和中压开关组成，结构更加紧凑。三重压力开关安装在高压管路中，如图 5-10 所示。当压力过高或过低时，双重压力开关控制压缩机停止运转；当制冷剂压力达到某一中间值时，中压开关控制接通冷凝器风扇电路。

（4）过热限制器　当制冷系统的制冷剂泄漏量较多时，会导致压力下降，若压缩机继续工作，会引起过热现象。此时制冷剂的温度上升，但压力不增加，润滑油变质，会进而损坏压缩机。

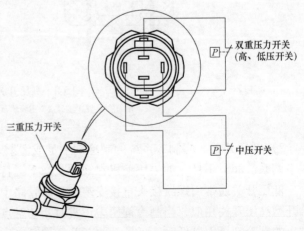

图 5-10 三重压力开关

过热限制器安装在压缩机后盖紧靠吸气腔的位置,串联在压缩机电磁离合器电路中。其作用是检测压缩机的温度,当压缩机温度过高时,切断电磁离合器的电路,使压缩机停止运行,防止损坏压缩机。

如图 5-11 所示,过热限制器由过热开关和熔断器两部分组成。过热开关安装在压缩机后缸盖上,是一种温度开关,其结构如图 5-12 所示。当压缩机温度正常时,导电触点和接线端子断开;当压缩机过热时,过热开关内的制冷剂蒸气温度和压力也随之升高,推动膜片将导电触点与接线端子接通,接通熔断器电路。熔断器内部 B 和 C 之间接一个低熔点金属丝,S 和 C 之间接电热丝。正常情况下,电流经空调开关、熔断器低熔点金属丝到压缩机离合器的电磁线圈;当压缩机过热时,过热开关闭合,熔断器中的电热丝通电,电热丝发热后熔化低熔点金属丝,切断压缩机离合器电路,压缩机停止运转,起到保护作用。

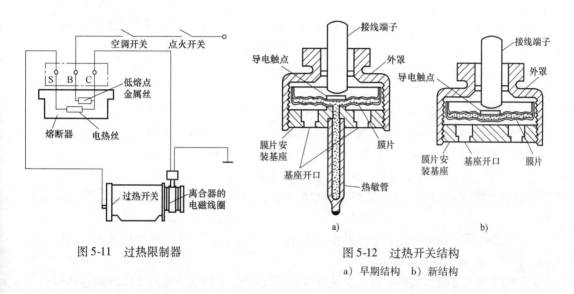

图 5-11 过热限制器

图 5-12 过热开关结构
a) 早期结构 b) 新结构

还有一种压缩机过热开关也称压缩机过热保护器,安装在压缩机尾部,直接串联在压缩机离合器的电路中。当压缩机排出的高压制冷剂气体温度过高或由于缺少制冷剂以及润滑不良而造成压缩机本身温度过高时,开关断开,直接断开电磁离合器,压缩机停转。

(5) 冷却液过热开关 冷却液过热开关安装在发动机散热器或者冷却液管路上,用于检测发动机冷却液温度,控制压缩机离合器,防止在发动机过热的情况下使用空调。冷却液过热开关一般为双金属片结构,当发动机冷却液温度超过规定值(如奥迪 100 为 120℃)时,触点断开,直接切断(或者通过空调放大器切断)电磁离合器电路使压缩机停止工作;而当发动机冷却液下降至某一规定值(如奥迪 100 为 106℃)时,触点动作,自动恢复压缩机的正常工作。

(6) 环境温度开关 当环境温度过低时,压缩机内冷冻油黏度较大,流动性较差,润滑不良,如此时起动压缩机,压缩机会加剧磨损甚至损坏。汽车空调使用手册规定,在冬季不用制冷时,要求定期开动空调制冷系统以使制冷剂能带动润滑油进行短时间的循环,以保证压缩机以及管路连接部位和阀类零件的密封元件不因缺油而干裂损坏,膨胀阀、电磁旁通阀等不因缺油而卡死失灵。这项保养工作应在环境温度高于 4℃时进行,冬季低于4℃时最好不要起动压缩机。

环境温度开关串联在压缩机电磁离合器电路中,或直接串联在空调放大器电路中,当环境温度高于4℃时,触点闭合,压缩机能正常工作;当环境温度低于4℃时,触点断开,直接断开(或通过空调放大器断开)电磁离合器的电路。国产上海桑塔纳轿车的空调系统便装有这种保护开关。

(7) 高压卸压阀 如果制冷剂的压力升得太高,将造成系统的损坏。高压卸压阀安装在压缩机或高压管路上,检测系统的压力,其结构如图5-13所示。当压力正常时,高压卸压阀保持常闭;当压力过高超出调整值时,卸压阀打开,释放制冷剂;直到压力降低到调定值,在弹簧作用下,阀又自动关闭,以保证制冷系统正常工作。

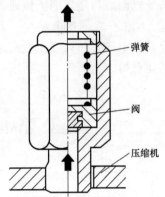

(8) 怠速控制器 在非独立式汽车制冷系统中,压缩机由发动机驱动,压缩机的运行必然会影响发动机的性能,尤其在发动机怠速或汽车低速行驶时,若此时开启空调会引起下列不良情况:

1) 增大发动机负荷,引起怠速不稳,甚至发动机熄火。

2) 发动机怠速或汽车低速行驶时,自然迎风量小,冷却系统散热器的散热主要靠风扇冷却,对于冷却风扇由发动机直接驱动的汽车,低速时风压和风量不足,散热效果差。同时,由于非独立式制冷系统的冷凝器通常安装在散热器前面,进一步影响散热器散热,因此发动机容易过热,影响发动机正常工作。

图5-13 高压卸压阀的结构

3) 发动机处于怠速时,发电机发出的电能严重不足,制冷系统还要消耗大量电能,增大用电负荷,影响其他用电设备的使用。

4) 此时空调冷凝器散热不良,会使冷凝器的冷凝温度和冷凝压力异常升高,压缩机功耗迅速增大,导致空调系统制冷效果差,甚至会因为压力过高而造成损坏。

因此,由发动机带动制冷压缩机的非独立式制冷系统,为了保证汽车的怠速性能,实现汽车运行与空调运行的统一,必须增加发动机怠速控制器。

发动机怠速控制器有两种类型:一种是怠速切断装置,其在发动机怠速时自动切断压缩机的离合器电路,使压缩机停转,减轻发动机负荷,稳定发动机的怠速性能;另一种是怠速提升装置,其在发动机怠速时,增大节气门开度或怠速旁通道开度,提高怠速,既能保证有足够的动力维持制冷系统工作,又能保证自身正常运转。怠速切断装置曾使用在低档轿车上,目前汽车空调系统已经较少使用,而普遍采用怠速提升装置。

(9) 加速切断装置 汽车在加速或超车时,发动机需要输出最大功率,如果起动空调,会消耗发动机功率,降低汽车的加速性能,同时会使压缩机超速损坏。加速切断装置的作用是在汽车加速或超车时暂时切断压缩机离合器电路,提高汽车的加速性能,同时保护压缩机。加速切断装置有机械式、真空式和微机控制式三种形式。

1) 机械式加速切断装置。机械式加速切断装置如图5-14所示,其开关由加速踏板通过连杆或钢索来控制,当加速踏板踩到其行程的90%时,开关断开,压缩机离合器电路断开。

2）真空式加速切断装置。真空式加速切断装置由发动机进气歧管真空度控制，当汽车匀速或缓慢加速行驶时，进气歧管真空度较小，开关闭合，空调正常工作；当汽车急加速或急速行驶时，进气歧管真空度较大，开关断开，空调停止工作。

3）微机控制式加速切断装置。高级轿车上（如日产风度轿车），车身 ECU 控制压缩机离合器电路。车身 ECU 根据节气门位置传感器和曲轴位置传感器信号感知急加速状态时，将控制压缩机离合器电路断开几秒钟，以实现加速切断控制。

2. 汽车空调系统控制电路

汽车空调系统控制电路是为了保证汽车空调系统各装置之间的相互协调工作，正确完成汽车空调系统的各种控制功能和各项操作，保护系统部件安全工作而设置的，是汽车空调系统的重要组成部分。汽车空调系统控制电路随着电子技术的应用，由普通机电控制、电子电路控制，逐步发展到微机智能控制，其功能、控制精度和保护措施得到了不断的改进和完善。

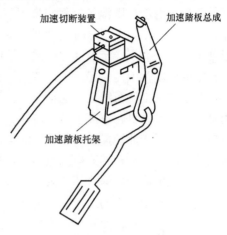

图 5-14　机械式加速切断装置

（1）汽车空调基本电路　汽车空调系统的基本电路如图 5-15 所示。

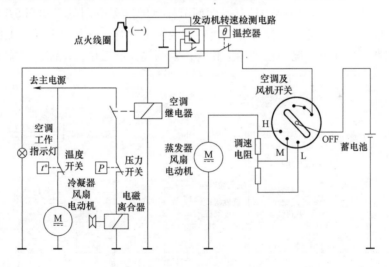

图 5-15　汽车空调系统基本电路

其工作过程是：接通空调及风机开关，电流从蓄电池流经空调及鼓风机开关后分为两路，一路电流通过调速电阻到蒸发器风扇电动机，由两个调速电阻组成的调速电路使风机运转有三个档位，当开关旋转至 H 档（高速）时，电流不经电阻直接到电动机，此时电动机转速最高；当开关在 M 档（中速）时，电流只经一个调速电阻到鼓风电动机，因此电动机转速降低；在 L 档（低速）时，两个电阻串入风机电路，故这时电动机的转速最低。由于汽车空调制冷系统工作时，要及时给蒸发器送风，防止其表面结冰，所以，空调系统电路的设计，必须保证只有在风机工作的前提下，制冷系统才可以起动，上述空调开关的结构和电路原理,也是各种空调电路所遵循的基本原则。

另一路电流经温控器、发动机转速检测电路,与空调继电器和空调工作指示灯构成回路。温控器的触点在高于蒸发器设定温度时是闭合的,如果由于空调的工作使蒸发器表面温度低于设定温度,则温控器触点断开,空调继电器断电,电磁离合器断电,压缩机停止工作,空调指示灯熄灭,这时蒸发器风扇电动机仍可以继续工作。压缩机停止工作后,蒸发器温度上升,当高于设定温度时,温控器的触点又闭合,使压缩机再工作,使蒸发器温度控制在设定的温度范围内,保证了系统的正常工作。

为了保证空调系统更好地正作,空调系统控制电路还设置了发动机转速检测电路,其作用是只有当发动机转速高于某一转速(一般为800~900r/min)时,才能接通空调电路。在急速和转速低于此转速时,自动切断空调继电器回路,使空调无法起动,保证了发动机的正常急速工况。发动机转速检测电路的转速信号取自点火线圈。

为了加强冷凝器的冷却效果,汽车空调系统都设置了专用的冷凝器冷却风扇,由冷凝器风扇电动机驱动,它的工作受温度开关控制,当冷凝器表面温度高于设定值时,自动接通风扇电动机高速运转,使其强迫冷却。注意:该电动机的工作不受空调开关控制,所以在汽车空调停止运行时,它也可能起动运转,这在检修和测试系统时要格外小心。

电路中还设置了压力开关,其作用是防止系统超压工作,通常使用的是高低压组合开关,当系统压力异常时,自动切断压缩机电磁离合器,防止系统部件的损坏。

(2)温度调节控制空调电路 具有温度调节控制的汽车空调电路如图5-16所示,该电路中有制冷、取暖工作的空调选择开关,当它在取暖位置时,空调放大器不工作,系统只能工作在取暖或者自然通风工况。在制冷位置时,空调放大器工作,压缩机才能正常起动。

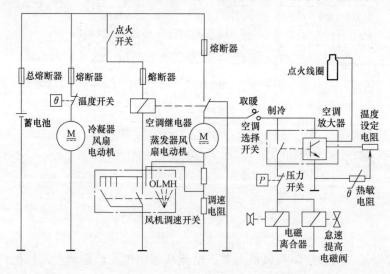

图5-16 温度调节控制空调电路

该电路的空调放大器设计有热敏电阻,并与温度设定电阻串联,作为对温度的控制机构。当由温度设定电阻设定好所需参数(温度值)后,与串联的热敏电阻的检测值进行比较,当环境温度高于设定值时,空调放大器接通电磁离合器,使系统工作;反之,停止工作。它具有对汽车内温度进行调节和自动工作的功能。

3. 制冷剂

制冷剂是制冷系统中完成制冷循环所必需的工作介质。制冷剂的热力状态在制冷循环中是不断发生变化的，如在蒸气压缩式制冷循环中，制冷剂在蒸发器中吸收冷却系统的热量而蒸发成为蒸气，在冷凝器中将热量传递给周围环境介质（空气、冷却液等）而被冷却冷凝成液体。制冷机借助于制冷剂的状态变化，完成制冷循环，达到制冷的目的。

（1）制冷剂热力学方面的要求

1）在常温或普通低温范围内能够冷凝液化。

2）在工作低温下，蒸发器中制冷剂的压力，最好接近或稍高于大气压力，以防止系统外部的空气或水分渗入系统内。

3）在常温下冷凝压力不宜过高（小于 1.5MPa）。

4）制冷剂单位容积的制冷能力应尽可能大，以便提高制冷效率，减小制冷剂的循环量。

5）应有较高的导热系数和放热系数，以提高热交换器的工作效能，减小热交换器的尺寸，提高传热效率。

（2）制冷剂物理化学方面的要求

1）制冷剂的化学稳定性要好，在高温条件下不易分解、不易燃烧，无爆炸危险。

2）制冷剂的黏度和密度应小，以减小制冷剂在系统中流动时的阻力，从而减小压缩机的功耗和缩小流通管径。

3）制冷剂对金属和其他材料应无腐蚀性。

4）制冷剂与水应有较大的亲和力，以避免导致系统冰堵现象。

5）制冷剂应易与润滑油混合，而不损害其制冷效果，并有助于压缩机件的润滑。

6）制冷剂对机器缝隙的渗透能力应低。

（3）制冷剂生理学和其他方面的要求

1）制冷剂对人的生命和健康不应有危害性，即不应有毒性、窒息性及刺激作用。与食物也不应有反应。

2）制冷剂应符合环境要求，尽量减少对大气臭氧层的破坏作用。

3）制冷剂应价格低廉，容易买到。

（4）常见的汽车制冷剂　现在常见的汽车制冷剂主要有二氟一氯甲烷（R22）和四氟乙烷（R134a）。

1）二氟一氯甲烷（R22）。R22 也是较常用的中温中压制冷剂，其临界温度为 96℃，凝固点为 -160℃，标准沸点为 -40℃。在较低的温度下，R22 的饱和蒸气压力及单位容积制冷量都比较高。R22 属 HCFC 类制冷剂，在大气层中的寿命较短。R22 在大气层中易水解而随雨水回到地面，对大气臭氧层和全球温室效应影响较小，ODP（破坏臭氧层潜能值）为 0.05，GWP（全球变暖系数值）为 510，属于过渡性替代制冷剂。

2）四氟乙烷（R134a）。R134a 传热性好，化学稳定性好，不燃烧而且 ODP 与 GWP 值均较小。R134a 渗透性高，密封材料要求高，一般采用聚丁腈橡胶、二聚乙丙橡胶或氯丁橡胶等材料密封。现代汽车一般都使用 R134a 作为制冷剂。

4. 冷冻油

（1）冷冻油的作用　在压缩机中，冷冻油主要起润滑、密封、降温以及能量调节四个作用。

1）润滑：冷冻油在压缩机运转中起润滑作用，以缓解压缩机运行的磨损程度，从而延长压缩机的使用寿命。

2）密封：冷冻油在压缩机中起密封作用，使压缩机内活塞与气缸面之间、各转动的轴承之间密封，以防止制冷剂泄漏。

3）降温：冷冻油在压缩机各运动部件间润滑时，可带走工作过程中所产生的热量，使各运动部件保持较低的温度，从而提高压缩机的效率和使用的可靠性。

4）能量调节：对于带有能量调节机构的制冷压缩机，可利用冷冻油的油压作为能量调节机械的动力。

(2) 对冷冻油的基本要求

1）冷冻油的凝固点要低。

2）要有适当的黏度。如果黏度太小，在摩擦面不易形成正常的油膜厚度，会加速机械磨损，同时会导致机械密封性能不好，制冷剂容易泄漏；如果黏度太大，润滑和密封性能虽好，但制冷压缩机的单位制冷量消耗的功率会增大，耗电量增加。

3）有较好的黏温性能和较高的闪点。制冷压缩机在工作中，气缸等处的温度高达130～150℃，所以要求冷冻油的黏度在温度变化时其变化要小，闪点要高。不会使冷冻油在温度高的情况下炭化（在规定的条件下，加热冷冻油，冷冻油的蒸气和周围空气的混合气一旦与火焰接触，即发生着火的最低温度，称为冷冻油的闪点）。

4）要有良好的化学稳定性和抗氧化安定性。冷冻油在制冷系统内与制冷剂经常接触，在全封闭式的制冷压缩机内，要求能够使用10～15年。

5）不含水及酸类杂质，要有良好的电气绝缘性能，在半封闭和全封闭式制冷压缩机中，电动机绕组要与冷冻油经常接触，所以要求冷冻油不能破坏电动机的绝缘物并有良好的绝缘性能。

六、汽车空调检漏与加注方法

在汽车空调故障诊断与排除过程中，制冷剂的检漏与加注是常用的方法。

1. 汽车空调系统检漏

汽车空调在使用过程中，制冷剂泄漏是最为常见的故障。常见的汽车空调的检漏方法有：

(1) 氮气检漏　向系统充入1～2MPa压力氮气，把系统浸入水中，冒泡处即为渗漏点。这种方法和常用的肥皂水检漏方法实质一样，虽然成本低，但有明显的缺点，检漏用的水分容易进入系统，导致系统内的材料受到腐蚀，进行检漏时劳动强度大，使维护检修的成本上升。

(2) 卤素灯检漏　点燃卤素检漏灯，手持卤素灯上的空气管，当管口靠近系统渗漏处时，火焰颜色变为紫蓝色，即表明此处有大量泄漏。这种方式有明火产生，不但很危险，而且明火和制冷剂结合会产生有害气体。此外，也不易准确地定位漏点，所以这种办法现在很少使用。

(3) 气体差压检漏　利用系统内外的气压差，将压差通过传感器放大，以数字、声音或电子信号的方式表达检漏结果。此方法只能定性地知道系统是否渗漏，而不能准确地找到漏点，当系统制冷剂泄漏完时无法检测。

（4）电子检漏　用探头对着有可能渗漏的地方移动，当检漏装置发出警报时，即表明此处有大量的泄漏。电子检漏产品容易损坏，维护复杂，容易受到环境化学物质如汽油、废气的影响，不能准确定位漏点。

（5）荧光检漏　利用荧光检漏剂在紫外蓝光检漏灯照射下会发出明亮的黄绿光的原理，对系统中的流体渗漏进行检测。在使用时，只需将荧光剂按一定比例加入到系统中，系统运作20min后戴上专用眼镜，用检漏灯照射系统的外部，泄漏处将呈黄色荧光。荧光检漏的优点是定位准确，渗漏点可以直接用眼睛看到，而且使用简单，携带方便，检修成本较低。荧光检漏技术在国外已经有50多年的历史，得到了通用、大众、三菱等世界主要汽车制造商的认可和应用。

2. 汽车空调制冷剂的加注方法

（1）抽真空　当空调系统在维修后经过气压检漏就应加注适量的制冷剂，但在加注前必须将系统中的空气抽完，这项工作称为抽真空，其目的是进一步检查系统在真空下的密封性能，并为加注制冷剂作准备。

抽真空步骤：

1）将歧管压力表各接头用干净布抹干净。

2）按如图5-17所示的连接方式，接好真空泵。

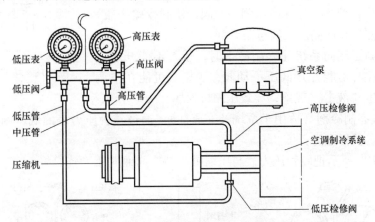

图5-17　抽出系统中的空气

3）打开歧管压力表的高、低压阀，接通真空泵电源。

4）抽真空时间在15min以上，使低压表在最低值（在0.07×10^5Pa以下）。

5）关闭高、低压阀门，再关闭真空泵电源。观察低压表表针，在10min内不得有回升（真空检漏）。

（2）检漏　检查系统是否泄漏一般是在加注制冷剂前进行系统查漏和加注制冷剂后进行系统查漏。

1）加注制冷剂前的查漏

①正压力试漏：打开高、低压手动阀，向系统中充入氮气或干燥的压缩空气（压力在1.5MPa左右），在系统中的各接头接口处用洗衣粉泡沫试漏。

②利用制冷剂试漏：按图 5-18 所示接管方法，向系统充入制冷剂，系统中压力达 0.4MPa 时，用检漏灯测试。重点在维修过的部位、管路接口、压缩机轴封、维修阀、安全阀、冷凝器、蒸发器、膨胀阀和干燥瓶等处。

③真空检漏：利用真空泵和歧管压力表将系统中的空气抽出来，使低压表在最低读数，观察表的读数有无回升。

2）加注制冷剂后的检漏

①用洗衣粉泡沫检查：系统各接口处、压缩机外壳、维修阀、安全阀及能测试到的部件。

②用荧光检漏灯进行全面的检测。

(3) 加注制冷剂 若空调系统经检测没有泄漏，加注制冷剂时应先进行抽真空，加注冷冻油后进行制冷剂的加注。充注制冷剂的方法一般有两种。

1）充入液态制冷剂（适用于新系统充注）。当系统里抽真空之后，关闭歧管压力表的高低压两侧手动阀。将中间软管（维修管）的一端与制冷剂罐（瓶）注入阀的接头连接起来，如图 5-19a 所示，打开制冷剂罐（瓶）开启阀，再拧松歧管压力表软管一侧，让气体溢出几分钟左右（驱赶尽软管内空气为止）后再拧紧。拧开高压侧手动阀，使制冷罐（瓶）倒立起来，以便从高压侧注入液态制冷剂。

注意：从高压侧向系统注入制冷剂时，千万不能开动发动机，而且充注时不能拧开低压手动阀，否则，可能在空调压缩机内部产生"液击"现象，导致压缩机损坏。

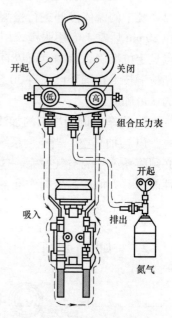

图 5-18 接好歧管压力表

2）充入气态制冷剂（适用于系统补充充注）。通过歧管压力表的低压侧向制冷系统注入气态制冷剂。其程序为：

①按图 5-19b 所示把歧管压力表与压缩机和制冷剂罐（瓶）连接好。

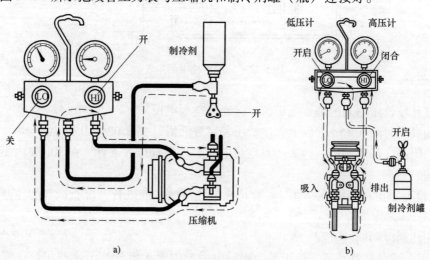

图 5-19 充注制冷剂
a) 充注液态制冷剂 b) 充注气态制冷剂

②打开竖立的制冷剂罐（瓶），拧松中间注入软管在歧管压力表侧的螺母，直到制冷剂蒸气有流动的声音，然后拧紧螺母。

③打开低压侧手动阀，让制冷剂进入系统。当系统压力值达到 $4.2 \times 10^5 Pa$ 时，关闭低压侧手动阀。

④起动发动机，将开关设定在"内循环"状态，发动机在 1500r/min 下运转；把风机开关置于 HI 档（高速档），温度开关置于 MAX 档（最冷档）。

⑤打开低压手动阀，让制冷剂继续进入制冷系统，直到注入量达到规定值。对于 R134a 空调系统，正常的状态是歧管压力表读数为低压侧 0.15～0.25MPa，高压侧 1.37～1.57MPa。对于 R12 空调系统，正常的状态是歧管压力表读数为低压侧 0.147～0.196MPa，高压侧 1.422～1.47MPa。

⑥在向系统中注入制冷剂后，从观察窗中观察有无气泡，等到没有气泡了方可关上低压手动阀，拆去歧管压力表。

⑦最后一次对各接头、管路等检漏。

⑧清洁工具、仪器、场地。

注意事项：

①加注场地必须在通风良好的地方。

②附近不能有明火。

③钢瓶不能撞击，不能放在阳光下过长时间。

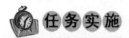

任务实施

一、实施环境

1）汽车实训基地。

2）汽车空调试验台一台。

3）万用表、呆扳手一套、一字及十字螺钉旋具各两个、真空泵一台、歧管压力计一个、荧光检漏仪一台。

4）细砂纸、冷冻油、制冷剂、棉纱、油盆、清洗剂及毛刷工具等若干。

二、实施步骤

在拆卸空调系统前，务必要先将系统排空，同时拆卸下来的每个部件及其相连接的管道口应及时塞住，以防潮湿空气进入系统。拆卸时应按下述方法进行：

1）拆下蓄电池的搭铁线，或关闭车辆总电源的总开关。

2）用专用的仪器排除制冷剂。

3）拆卸各管道接头，一定要在两管头上用扳手同时操作。

4）管子拆下后，应立即在各管道上堵上堵塞，以保证管路的清洁。

5）清洁管道时，不能用水或压缩空气清洗内部，而要用氮气或制冷剂进行清洗。非独立空调系统的检修主要包括压缩机检修、冷凝器检修、蒸发器检修、储液干燥器检修和膨胀阀检修等。

1. 压缩机的检修

(1) 压缩机拆卸要求

1) 拆卸时首先要清楚压缩机结构，拆下零件应按部件分类摆放，以免损伤弄乱。

2) 压出或打出轴套和销子时应先辨别方向，然后再操作，一般要用木锤敲打，以免损伤零件表面。

3) 拆卸零件时不要用力过猛，以免损伤零件。

4) 拆卸形状和尺寸相同的零件时，需做好标记，以防装错。

5) 拆卸的零件用冷冻油清洗，清洗时要用毛刷，不能用碎布纱头擦洗零件，以防脏物进入。

(2) 压缩机的拆卸方法

1) 拆除电磁离合器连接导线。

2) 从制冷系统内排出制冷剂。

3) 从压缩机吸排气口拆下软管，并在压缩机吸排气口加盖，以免灰尘和水汽进入系统内。

4) 拆除压缩机驱动带。

5) 从制冷系统托架上拆卸压缩机固定螺钉和压缩机，再将压缩机装在一个支架上，支架夹在台虎钳上。

6) 排出压缩机内的冷冻油，用量筒测量出油量，并检查冷冻油是否变色，油内是否混有杂质。

(3) 电磁离合器的拆卸

1) 使用 Y 形爪具的三个定位销插进离合器盘上的三个孔，固定离合器的驱动盘，用套筒扳手拆下主轴上的六角锁紧螺母。

2) 六角锁紧螺母拆除后，用专用拉拔工具拆下压板，并用卡簧钳拆卸内卡簧。

3) 用拉拔工具拆卸离合器驱动盘，将压缩机带轮和轴承拔出。

4) 拆下键和垫片（垫片是安装时用来调整驱动盘和摩擦板之间的间隙的）。

5) 用螺钉旋具拆下电磁线圈安装螺钉，卸下电磁线圈。

(4) 电磁离合器的修理

1) 检查离合器从动盘的摩擦表面，看是否由于过热和打滑而有刮痕，以及是否翘曲变形，若从动盘有刮痕损伤或变形，则须更换带轮总成。另外摩擦表面上的油污和脏物用清洁剂洗净。

2) 检查离合器轴承有无松动或损坏，损坏的轴承必须更换，并装上同规格的新轴承。

3) 用万用表检查电磁离合器线圈有无短路或断路故障，若发生短路或断路，则须更换线圈。

4) 检查完的电磁离合器，按拆卸时的相反步骤装配。

(5) 压缩机轴封的拆卸

1) 拆下离合器总成。

2) 使用卡环钳，取下密封座卡环。

3) 使用密封件拆卸工具，伸入到密封座位置，然后锁紧密封座的内周面，向外拉出密封座。

4）用钩子取出密封件的 O 形密封圈。

（6）压缩机轴封的修理和安装

1）检查轴封摩擦表面是否良好以及石墨环是否磨损，拆下的轴封不能再用，必须更换新的轴封。

2）用清洁的冷冻油清洗压缩机密封部位。

3）用清洁的冷冻油涂抹 U 形密封圈，并将其装入密封沟槽内。

4）用清洁冷冻油涂抹密封座，并将其小心地压入安装孔内。

5）安装卡环和油封盖。

6）重新装上离合器。

（7）压缩机内部零件的拆卸

1）将压缩机从发动机上拆下并安装在专用夹具上。

2）取下离合器压板、带轮、离合器线圈及轴封等。

3）从放油孔放出压缩机内的冷冻油，并用量筒测量出油量。

4）用内六角扳手松开端盖上所有的螺栓，然后取下螺栓。

5）用木槌轻轻敲击端盖凸缘，使它从压缩机分开。当压缩机的前后端盖打开后，就可以容易地抽出其活塞等部件。

6）取下气缸垫、O 形密封圈、簧片阀板。

7）取下内部零件的活塞组件和轴承等。

（8）压缩机内部零件的修理和安装

1）检查压缩机活塞和气缸，若活塞和气缸有拉毛现象，则须更换压缩机。

2）检查压缩机轴承，若有损坏则须更换。

3）检查压缩机阀片和阀板，阀板可以用油打磨平整，阀片、缸垫和 O 形密封圈损坏则须更换。

4）装配时所有的零部件都要清洗干净，以保障油路畅通，并在各摩擦部位涂抹冷冻油。

5）所有的结合面须清洁干净并在垫片上涂上冷冻油，均匀的压紧螺栓，装上前后盖板。

6）用手转动压缩机，判断运转是否顺利。

（9）压缩机维修后的性能检查

1）压缩机内部的泄漏检查：在压缩机吸排气检修阀上装上歧管压力计，并关闭手动高低压阀，再用手转动压缩机主轴，每秒转一圈，共转十圈。这时打开手动高压阀，高压表的压力应大于 0.345MPa，若压力小于 0.310MPa，则说明压缩机内部有泄漏，须重新修理或更换阀片、阀板和缸垫。

2）压缩机外部泄漏检查：从压缩机吸入端注入少量的制冷剂，然后用手转动其主轴，用检漏仪检查轴封、端盖、吸排气阀口等处有无泄漏，若有泄漏须拆卸重新修理，若无泄漏，就可以装回发动机。

2. 储液干燥器的检修

储液干燥器主要用来储存多余的制冷剂、吸附系统内的水分、过滤系统内的杂质或脏物，保证系统正常工作。如果储液干燥器吸附水分达到饱和状态或滤网被脏物堵塞，则必须更换，其操作过程如下：

1）排除系统内的制冷剂。

2）拆下储液干燥器，为防止潮气进入系统内，应用堵头塞住干燥滤清器两端的连接管。

3）更换新的干燥滤清器，并向压缩机内添加 10～20mL 的冷冻油。

4）对制冷系统检漏、抽真空、充注制冷剂。

3. 膨胀阀的修理过程

1）排除系统内的制冷剂，卸下膨胀阀，并同时更换储液干燥器。

2）拧下调整螺母，并记住转动的圈数，重新装配时，要转同样的圈数，才能保证制冷剂在蒸发器上的过热度（制冷循环中相同蒸发压力下制冷剂的过热温度与饱和温度之差）。

3）拆下弹簧、阀座、阀门和推杆，并检查其是否损坏。

4）取出膨胀阀进口的过滤网，并清除其脏物。

5）用冷冻油清洗所有的零部件并吹干净。

6）按与拆卸相反的顺序装配好膨胀阀。

4. 冷凝器的检修

（1）冷凝器的检查

1）用检漏仪检查冷凝器泄漏情况。

2）检查冷凝器管内的脏物或管外弯曲情况。若发现压缩机排气压力过高，不正常制冷，管外有结霜、结露现象，说明管内有脏物或管外弯堵。

3）冷凝器管外及翅片外表面有污垢、残渣等，将造成散热不良。

（2）冷凝器的拆卸

1）慢慢地从系统中排出制冷剂。

2）将制冷剂管从冷凝器的进出口螺纹接头上拆卸下来。

3）拆卸冷凝器，拧下联接螺栓，取出衬垫。

（3）冷凝器的维修

1）冷凝器由于碰撞或振动而破坏，应拆卸冷凝器进行焊接修补，无法修理时，更换同规格的冷凝器，并向压缩机补充 40～50mL 的冷冻油。

2）冷凝器散热翅片若歪曲变形，可用镊子校正铝散热翅片。

3）冷凝器内脏物堵塞，应拆开冷凝器出口和进口接头，用高压氮气吹洗，冲出脏物。

4）冷凝器表面积灰，通风受阻，可用软毛刷轻刷表面或用吸尘器吸除灰尘。

5）冷凝器管接头处泄漏，应更换管接头，并重新进行检漏试压。

6）若是冷凝器风机故障，可不必拆卸冷凝器，只需修理风机。

5. 蒸发器的检修

（1）蒸发器的检查

1）蒸发器是否损坏。

2）用检漏仪检查其是否泄漏。

3）观察排泄管路是否洁净、畅通。

4）观察蒸发器外表面是否有积垢。

（2）蒸发器的拆卸

1)拆下蓄电池的连接线。
2)慢慢地从系统中放出制冷剂。
3)将制冷软管分别从蒸发器的进口和出口接头螺纹上卸下来,并立即盖住开口部位。
(3)蒸发器的维修
1)清除蒸发器外表面积垢、异物。
2)若蒸发器管有泄漏,应进行焊补,若无法焊补应更换蒸发器总成,并向压缩机补充40~50mL的冷冻油。
3)清洁排泄管路,并清除积聚在板底的水分。
4)若是蒸发器风机故障,应修理风机。

任 务 工 单

任务 5-1 空调系统的检修

班　级		姓　名		学　号	
地　点				等　级	

任务目的	
任务过程	1. 填写零部件识别表 1：名称_____作用_____ 2：名称_____作用_____ 3：名称_____作用_____ 4：名称_____作用_____ 5：名称_____作用_____ 6：名称_____作用_____

(续)

任务过程	2. 画出汽车空调制冷的循环图				
	3. 说明空调制冷剂加注的步骤				
	4. 写出汽车空调常见故障及检查步骤				

	考评项目		分　值	教师考核	备　注
考核评价	素质考评	团队协作	10 分		
		语言表达	10 分		
		实训纪律	10 分		
	过程考评	工具使用	10 分		
		任务实施	30 分		
		完成情况	20 分		
		工位整理	10 分		
	合　　计				

任务5-2 安全气囊系统的检修

任务导入

汽车的安全性分为主动安全和被动安全两种，主动安全是指汽车防止发生事故的能力，被动安全是指在万一发生事故的情况下，汽车保护乘员的能力。当汽车发生事故时，对乘员的伤害是在瞬间发生的。例如，以车速50km/h进行正面撞车时，其发生时间只有0.1s左右。为了在这样短暂的时间中防止事故对乘员的伤害，必须设置安全装备，目前主要有安全带、防撞式车身和安全气囊系统等。

任务分析

实验和实践证明，汽车装用安全气囊系统后，汽车发生正面碰撞事故对驾驶人和乘员的伤害程度大大减小。本单元通过对安全气囊系统故障的诊断、拆卸、检修、安装调整过程的实施与学习，要求学生在知道结构和工作原理等理论知识的同时，能够独立完成安全气囊系统各部件的拆装、维护及检修。

相关知识

一、安全气囊系统的功用

汽车安全气囊系统是轿车上的一种辅助约束系统（Supplemental Restraint System，SRS），与座椅安全带配合使用，可以为乘员提供十分有效的防撞保护。

安全气囊系统有下列几种形式：安装在转向盘内的驾驶人安全气囊；安装在仪表板内的副驾驶席安全气囊；安装在车门上的侧面安全气囊；安装在前排椅背上的后排乘员安全气囊，它们分别用来在汽车碰撞时保护驾驶人、副驾驶人及乘客。

二、安全气囊系统的工作原理

当汽车发生正面碰撞事故时，安全气囊控制系统检测到冲击力（减速度）超过设定值时，安全气囊ECU立即接通充气元件中的电爆管电路，点燃电爆管内的点火介质，火焰引燃点火药粉和气体发生剂，产生大量气体，在0.03s的时间内向气囊充气，使气囊急剧膨胀，冲破转向盘上装饰盖板鼓向驾驶人和乘员，使驾驶人和乘员的头部和胸部压在充满气体的气囊上，缓冲对驾驶人和乘员的冲击，随后又将气囊中的气体放出，如图5-20和图5-21所示。

三、安全气囊系统的组成

安全气囊系统主要由碰撞传感器、电控单元（ECU）、SRS指示灯和气囊组件等部件组成，如图5-22所示。

1. 碰撞传感器

碰撞传感器是安全气囊系统中主要的控制信号输入装置，其作用是在汽车发生碰撞时，

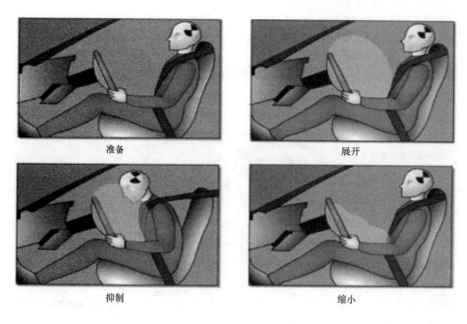

图 5-20　安全气囊示意图

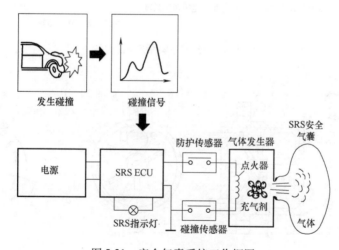

图 5-21　安全气囊系统工作框图

由碰撞传感器检测汽车碰撞的强度信号，并将信号输入电子控制单元（ECU），ECU 根据碰撞传感器的信号判断是否引爆充气元件给气囊充气。

安全气囊系统一般装有 2~4 个碰撞传感器，一般前左、右挡泥板各装一个，有的前保险杠中间装有一个，有的车内还装有一个。碰撞传感器现大多数采用惯性式机械开关结构，如图 5-23 所示为偏心锤式碰撞传感器结构。碰撞传感器在正常情况下，偏心转子和偏心重块在弹簧张力作用下，顶靠在与外壳固结的止动块上，活动触点与固定触点不接触；当汽车在传感器控制的方向受到碰撞，且冲击力超过传感器的设定值时，偏心块在惯性力作用下带动偏心转子克服弹簧张力而转动，使其活动触点与固定触点闭合，从而向 ECU 发出信号，使 ECU 驱动充气元件。

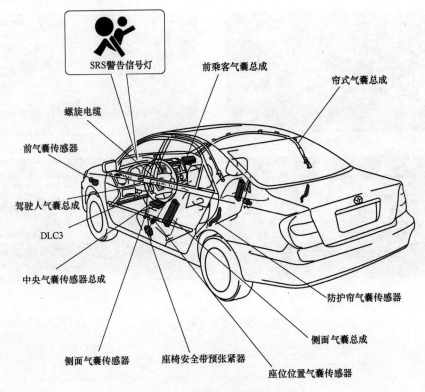

图 5-22 安全气囊系统组件位置

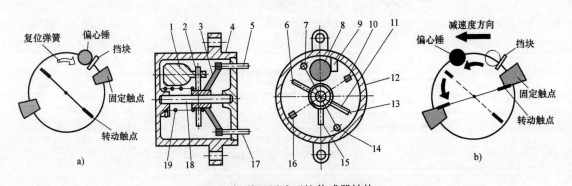

图 5-23 偏心锤式碰撞传感器结构
a) 静止状态 b) 工作状态
1、8—偏心锤 2、15—锤臂 3、11—转动触点臂 4、12—壳体 5、7、14、17—固定触点引线端子 6、13—转动触点 9—挡块 10、16—固定触点
18—传感器轴 19—复位弹簧

2. 电控单元（ECU）

安全气囊 ECU 是安全气囊系统的控制中心，其功用是接收碰撞传感器及其他各传感器输入的信号，判断是否点火引爆点火剂给气囊充气，并对系统故障进行自诊断。

安全气囊 ECU 还要对控制组件中关键部件的电路（如传感器电路、备用电源电路、点火电路、SRS 指示灯及其驱动电路）不断进行诊断测试，并通过 SRS 指示灯和存储在存储器中的故障码来显示测试结果。仪表盘上的 SRS 指示灯可直接向驾驶人提供安全气囊系统的状态信息。

SRS 有两个电源，一个是汽车电源，另一个是备用电源。备用电源又称为后备电源或紧急备用电源，由电源控制电路和若干个电容器组成，其功用是：当电路切断后，在一定时间（一般为 6s）内维持 SRS 供电，保证 SRS 的 ECU 仍可正常测出碰撞、发出点火指令；备用电源能在 6s 之内向点火器供给足够的点火能量引爆充气剂。时间超过 6s 之后，备用电源供电能力降低。

3. 气囊组件

驾驶人气囊组件如图 5-24 所示，其主要由气囊、气体发生器和安装在气体发生器内部的点火器组成。

 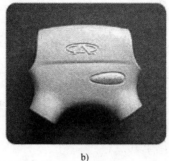 

a)　　　　　　　　　　　　b)　　　　　　　　　　　　c)

图 5-24　气囊组件
a) 气囊　b) 气体发生器　c) 点火器

（1）气囊　气囊用尼龙制成，内层涂有聚氯丁二烯，用以密闭气体。橡胶涂层起密封和引燃作用；气囊背面有两个泄气孔；乘客侧气囊没有涂层，靠尼龙布本身的孔隙泄气。

（2）气体发生器　气体发生器用于在点火器引爆充气剂时，产生气体向气囊充气，使气囊膨开。气体发生器用专用螺栓和专用螺母固定在气囊支架上，装配时只能用专用工具进行装配。

（3）点火器　点火器爆炸产生热量，使充气剂受热分解释放氮气充入气囊。

4. SRS 指示灯

SRS 指示灯又称为 SRS 警告灯。SRS 指示灯安装在驾驶室仪表盘的下面，如图 5-25 所示。

SRS 指示灯的功用是指示安全气囊系统功能是否处于正常状态。当点火开关接通 "ON"或 "ACC"位置后，如果 SRS 指示灯发亮或闪亮约 6s 后自动熄灭，表示安全气囊系统功能正常。

如果 SRS 指示灯不亮、一直发亮或在汽车行驶途中突然发亮或闪亮，表示自诊断系统发现安全气囊系统有故障，应及时排除。

自诊断系统在控制 SRS 指示灯发亮或闪亮的同时，还会将所发现的故障编成代码存储在存储器中。检查或排除安全气囊系统故障时，首先应用专用检测仪器或通过特定方式从诊断插座或通信接口调出故障码，以便快速查寻与排除故障。在汽车遭受碰撞，气囊已经膨开

图 5-25　SRS 指示灯

后,故障码一般难以调出,如此设计的目的是要求在 SRS 气囊引爆后,必须更换 SRS ECU。

四、安全气囊系统检修注意事项

安全气囊内有火药及电雷管等易爆品,故在维修操作时必须按正确顺序进行,否则,可能会使安全气囊系统在维修中发生意外,从而导致严重事故,另外,不当操作还有可能使安全气囊失效。因此,检修应注意以下几点:

1)气囊系统只能工作一次,发生事故被引爆后的气囊必须更换,为安全起见,气囊系统的所有元件也需更换。气囊系统经 10 年后必须送维修厂更换,更换日期一般贴在工具箱的标签上或在遮阳镜的下面。

2)故障码是安全气囊系统故障诊断的重要信息源,在系统故障诊断时应首先读取故障码,然后再脱开蓄电池。检修操作前,务必将点火开关转到 LOCK 位置,并在蓄电池搭铁线拆下电缆 90s 以后方可开始工作。因为安全气囊系统有备用电源,如果在拆下蓄电池搭铁线不到 90s 就开始维修工作,气囊可能会被引爆。若点火开关在 ON 或 ACC 位置检修,则会出现故障码。

3)若车辆发生轻微碰撞,SRS 没有触发,也应检查转向盘衬垫、前座乘客安全气囊总成、座位安全带收紧器和安全气囊传感器。

4)若碰撞车辆的 SRS 已经触发,除需更换已经引爆的气囊与安全带收紧器外,还必须同时更换全部碰撞传感器和中央气囊传感器总成,并检查线束与插头状况。不允许拆卸和修理被更换下的碰撞传感器、中央气囊传感器总成、转向盘衬垫、前座乘客安全气囊总成或座位安全带收紧器重新使用。不可用其他车辆的 SRS 零件,只能使用原厂所设计的零件(包括接线)。不允许乱拉线或随意换线,以免影响安全气囊的可靠性。凡需要更换零件的,应装用新零件。

5)如发现碰撞传感器、SRS ECU 或转向盘衬垫、前座乘员安全气囊总成或座位安全带收紧器等系统部件在外壳、托架或插接器上有裂纹、凹陷或其他缺陷,应换装新品。在修理过程中,如果会对传感器产生冲击作用,则在修理前应先拆下安全气囊传感器,严禁机械撞击传感器和安全气囊。

6)不要让碰撞传感器、SRS ECU、转向盘衬垫、前座乘员安全气囊总成或座位安全带收紧器直接暴露在热空气中或接近火源。在使用喷灯或焊接设备时，不得靠近充气装置，以防引起安全气囊自动充气。宜用高阻抗万用表检测电路。维修工作完成后，应检查SRS警告灯。

7）发生过碰撞且SRS已触发的碰撞传感器不可重复使用。左侧、右侧和中间碰撞传感器都应同时更换。安装碰撞传感器时，传感器上的箭头应朝向车辆前方。碰撞传感器的定位螺栓是经过防锈处理的。当传感器拆下后，必须换用新的定位螺栓。接上插接器时必须将电气检测装置可靠锁住，否则诊断系统上会检测出故障码。

8）拆卸转向盘安全气囊总成时，应将转向盘衬垫顶面向上正置，不可翻转倒置。在搬动新的转向盘衬垫时也务必注意将其顶面朝上。转向盘衬垫上不得涂润滑脂，不得用任何类型的洗涤剂清洗。转向盘衬垫总成应放在环境温度低于93℃、湿度不高且远离电场干扰的地方。车辆报废或仅报废转向盘衬垫机构时，在废弃前用专用工具使气囊触发张开，且进行操作时应选择在远离电场干扰的地方。

9）切不可用万用表去测量安全气囊电雷管的电阻，因为微小电流即可引爆电雷管，使安全气囊充气。安装螺旋接线器时，必须将其预置在中间位置，使转向盘由中间位置向左右两个方向各转2.5圈时不致拉断螺旋导线或引起其他故障。

10）拆、装前座乘员安全气囊总成时，应将气囊门朝上放置。如果将气囊门朝下放置，一旦安全气囊充气张开，可能会引发严重事故。安全气囊总成上不得涂润滑脂，气囊门不得用任何类型洗涤剂清洗。安全气囊总成应存放在环境温度低于93℃，湿度不高并远离电场干扰的地方。用电弧焊时，必须先脱开气囊插接器才可开始工作。车辆报废或前座乘员安全气囊总成报废时，在报废前应使安全气囊触发张开，以避免其意外引爆而伤人。进行引爆操作时应选择在远离电场干扰的地方。

11）存放拆下的或新的安全带时，双锁式插接器锁柄应处于锁定位置，务必注意不能损坏插接器。切不可用万用表测量座位电动安全带收紧器的电阻，以防收紧器被触发。安全带上不得沾油或水，不得用任何类型的洗涤剂清洗。必须先脱开插接器后才可电弧焊，该插接器安装在前车门框板下和地毯下面。车辆报废或仅报废安全带时，在报废前应使安全带收紧器起作用，此项操作应在远离电场干扰的地方进行。已发生过碰撞且SRS已经触发的SRS ECU不可重复使用。拆卸SRS ECU前，务必将点火开关转到LOCK位置，并在拆下蓄电池搭铁线90s后才可开始操作。

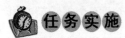
任务实施

一、实施环境

1）汽车实训基地。
2）扳手、螺钉旋具、专用工具。
3）翼子板护裙、转向盘护套、座椅护套和脚垫。
4）安全气囊系统。
5）数字万用表、夹子钳、塞尺、连接电缆、电流表、试灯、稳压电源等。
6）维修手册。

二、实施步骤

车辆要进行安全气囊系统的检查,或已受到碰撞的车辆要进行这方面的检查应按以下顺序进行。如果发现问题,应将其更换。

1. 检查转向盘衬垫（带安全气囊）、转向盘和螺旋形电缆

（1）没有受到碰撞的汽车

1）进行诊断系统检查。

2）对安装在汽车上的转向盘衬垫（带安全气囊）肉眼检查：转向盘上的表面凹槽部分是否有刻痕、微小裂纹或明显的污渍。

（2）受到碰撞而安全气囊未张开的汽车

1）进行诊断系统检查。

2）对从汽车上拆下的转向盘衬垫（带安全气囊）进行下述项目的肉眼检查：检查转向盘衬垫上的表面凹槽部分是否有刻痕、裂纹或明显的污渍；检查插接器和配线是否有切痕、裂纹或碎片；检查转向盘喇叭按钮接触板是否变形；如果转向盘的喇叭按钮接触板变形损坏,不要修理,更换一个新的转向盘总成。当把一新的转向盘衬垫安装到转向盘上时,转向盘衬垫和转向盘之间应没有干涉,其周围的间隙亦应均匀。

（3）更换要求 在下述情况下,更换转向盘衬垫、转向盘或螺旋形电缆：

1）安全气囊已张开。

2）在故障排除中发现转向盘衬垫或螺旋形电缆有故障。

3）在检查中发现转向盘衬垫、转向盘或螺旋形电缆有故障。

4）转向盘衬垫已脱落。

2. 检查前安全气囊传感器

（1）没有受到碰撞的汽车进行诊断系统检查

（2）受到碰撞的汽车

1）进行诊断系统检查。

2）如果轿车的前翼子板或外围损坏,即使安全气囊没有张开也要用肉眼检查有无下述的损坏情况：托架变形；油漆从托架上剥落；传感器壳体上的裂纹、凹陷或碎片；插接器上的裂纹、凹陷、碎片或划痕；标签剥离或系列编号损坏；参照车身图,检查安全气囊传感器部位的尺寸和车身的表面角度,如果传感器的安装尺寸或车身角度不正确,安全气囊就有可能失效。

（3）更换要求 在下列情况下,更换前安全气囊传感器：

1）在碰撞中安全气囊已经张开（更换左右两个前安全气囊传感器）。

2）在进行项目检查故障排除中发现前安全气囊传感器失效。

3）前安全气囊已脱落,更换前安全气囊。

3. 检查中央安全气囊传感器总成

（1）没有受到碰撞的汽车进行诊断系统检查

（2）受到碰撞的汽车

1）进行诊断系统检查。

2）对中央安全气囊传感器总成进行下述项目检查：托架或壳体是否损坏；乙烯树脂座

位是否损坏；插接器是否破坏。为防止中央安全气囊传感器总成与其他的零件相干涉，修理后应进行检查。

(3) 更换要求　在下列情况下，更换中央安全气囊传感器：
1) 在故障排除中发现中央安全气囊传感器总成失效。
2) 中央安全气囊传感器已脱落。

4. 检查配线和插接器

(1) 没有受到碰撞的汽车进行诊断系统检查
(2) 受到碰撞的汽车
1) 进行诊断系统检查。
2) 安全气囊系统配线上是否有破裂或导体是否已暴露出来。
3) 安全气囊系统配线插接器是否被撞毁或撞碎。
(3) 更换要求　在下列情况下，更换配线或插接器：
1) 在故障排除中发现安全气囊系统插接器任一零件失效。
2) 在进行项目检查时发现安全气囊系统配线的任一零件失效。

注意：如果安全气囊系统使用的配线损坏，就应将整个配线总成更换。如果连到安全气囊传感器的插接器可单独修理好（若配线上没有任何损坏），可使用为此而专门设计的修理用扒线进行修理。

任 务 工 单

任务 5-2 安全气囊系统的检修

班　级		姓　名		学　号	
地　点				等　级	
任务目的					
任务过程	1. 前安全气囊传感器的更换条件及步骤 （1）更换条件 （2）更换步骤 2. 转向盘衬垫（带安全气囊）、转向盘和螺旋形电缆的检查步骤				

(续)

		考评项目		分　值	教师考核	备　注
任务过程	3. 检查中央安全气囊传感器总成 （1）检查项目 （2）检查情况 4. 写出安全气囊常见故障及检查步骤 （1）常见故障 （2）检查步骤					
考核评价		素质考评	团队协作	10 分		
			语言表达	10 分		
			实训纪律	10 分		
		过程考评	工具使用	10 分		
			任务实施	30 分		
			完成情况	20 分		
			工位整理	10 分		
		合　　计				

任务 5-3　倒车雷达系统的检修

倒车雷达全称"倒车防撞雷达"，也称为"泊车辅助装置"，是汽车泊车或者倒车时的安全辅助装置，由超声波传感器（俗称探头）、控制器和显示器（或蜂鸣器）等部分组成。能以声音或者更为直观的显示屏告知驾驶人周围障碍物的情况，解除了驾驶人泊车、倒车和起动车辆时前后左右探视所引起的困扰，并帮助驾驶人扫除了存在视野死角和视线模糊的问题，提高了驾驶的安全性。

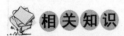

本单元通过对倒车雷达系统故障的诊断、拆卸、检修、安装调整过程的实施与学习，要求学生在知道结构和工作原理等理论知识的同时，能独立完成倒车雷达系统各部件的拆装、维护及检修。

相关知识

一、倒车雷达系统的分类

倒车雷达系统自从问世以来，经历了几代的发展，不管从结构外观上，还是从性能价格上，都有很大改善，从显示的形式上可分为两种。

1. 声音和数码提示倒车雷达系统

图 5-26 所示为声音提示倒车雷达系统，倒车时，如果车后 1.5~1.8m 处有障碍物，蜂鸣器就会开始工作。蜂鸣声越急，表示车辆离障碍物越近。

图 5-26　声音提示倒车雷达系统

数码提示倒车雷达系统会显示距离数字，如果是物体，在 1.8m 开始显示；如果是人，在 0.9m 左右的距离开始显示。

2. 可视倒车距离报警系统

可视倒车雷达是把倒车影像和倒车雷达结合为一体的整套系统。倒车影像是在车尾装一个车载摄像头，车辆挂上倒档时系统会自动起动，把尾部车载摄像头拍下的车尾影像通过视频连接线，直接传到车前的车载显示屏幕上，从而达到倒车安全的目的。

其特点是可以直接看到车后情况，缺点是影像有变形，不能准确判断车离障碍物的距离，且驾驶人必须主动关注视频，如图 5-27 所示。

 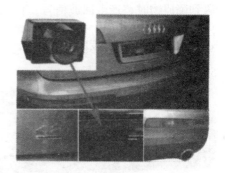

图 5-27 可视倒车雷达系统

二、倒车雷达系统的组成

倒车雷达系统主要由超声波传感器、控制器、显示器或蜂鸣器等组成。

1. 超声波传感器

超声波传感器对车后部的障碍物信息进行捕捉，并发送给控制器进行处理。超声波传感器体积非常小，一般安装在车尾，如图 5-28 所示。

2. 控制器

控制器对车后部捕捉的影像进行处理，并发送到显示设备进行显示。倒车控制器体积较小，一般安装在车尾，如图 5-29 所示。

3. 显示器

显示器可显示车辆与障碍物的距离或者车后影像，一般安装在显眼位置，如图 5-30 所示。

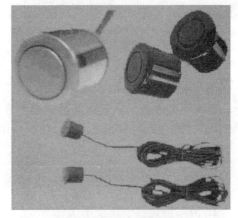

图 5-28 超声波传感器

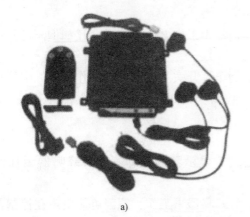 

a) b)

图 5-29 倒车控制器

a) 加装型倒车雷达 b) 原装倒车雷达控制器

三、倒车雷达系统的工作原理

倒车雷达一般采用超声波测距原理，在控制器的控制下，由传感器发射超声波信号，当遇到障碍物时，产生回波信号，传感器接收到回波信号后经控制器进行数据处理，从而计算出车体与障碍物之间的距离，判断出障碍物的位置，由显示器显示距离并发出相关警示信号，驾驶人得到及时警示后，使停车和倒车更容易、更安全，倒车雷达系统的工作原理如图5-31 所示。

图 5-30　倒车雷达系统显示器　　　　图 5-31　倒车雷达系统的工作原理

超声波发射器向某一方向发射超声波，在发射时刻的同时开始计时，超声波在空气中传播，途中碰到障碍物就立即返回来，超声波接收器收到反射波就立即停止计时。超声波在空气中的传播速度为340m/s，根据计时器记录的时间 t，就可以计算出发射点距障碍物的距离 S，即：$S = 340t/2$。

四、倒车雷达系统的常见故障检修

1. 倒车雷达整个系统不工作

1）故障现象：在进入汽车倒车工作状态时，蜂鸣器无提示声响，显示器无任何显示，倒车灯也不亮。

2）故障原因分析：倒车雷达系统没有工作，常为工作电源未接通（比如倒车灯开关失灵）或倒车雷达系统线束插接器接触不良所致。

3）维修方法：如倒车灯开关失灵，则更换倒车灯开关。如倒车灯工作正常，则检查倒车雷达控制器侧的 DC_+12V 电源是否送入控制器。若电路电源如供给正常，则应更换倒车雷达的控制器。

2. 倒车雷达蜂鸣器不工作

1）故障现象：在汽车进入倒车工作状态时，显示器有工作显示，蜂鸣器无任何的响声。

2）故障原因分析：倒车雷达系统已工作，但蜂鸣器未工作，原因可能出现在控制器与组合仪表之间，如电路断路或蜂鸣器失灵。

3）维修方法：检查控制器侧有无 DC_+12V 电源输出（检查时应让系统处于探测障碍物

状态），若信号正常，则检查位于仪表板后面的倒车雷达显示器有无 DC_+12V 电源，如电源供给正常，则更换组合仪表。

3. 倒车雷达系统显示器不工作

1）故障现象：在汽车进入倒车工作状态时，蜂鸣器有提示响声，显示器无任何显示。

2）故障原因分析：倒车雷达系统已工作，但显示器未工作，可能原因是控制器插接器松动、接触不良，显示器失灵。

3）维修方法：检查控制器侧的12P插接器与组合仪表之间的连接是否正常，若信号正常则更换组合仪表。

4. 倒车雷达传感器不工作或内部接触不良

1）故障现象：在汽车进入倒车工作状态时，有固定的某只传感器始终探测不到障碍物，或仪表板内的显示器4只绿色指示灯乱跳。

2）故障原因分析：倒车雷达系统已工作，但某只传感器未工作或传感器内部以及传感器4P插接器接触不良。

3）维修方法：在汽车进入倒车工作状态时，用耳朵贴近传感器表面，仔细听是否有轻微的"嘀嗒"声（可与正常的比较），如果响声正常，说明传感器的电源正常。检查传感器和控制器之间的信号连接是否正常，一般情况下，仪表内出现绿色指示灯乱跳现象主要是因某一传感器失灵所致，更换失灵传感器即可排除故障。

5. 倒车雷达传感器能力弱

1）故障现象：在汽车进入倒车工作状态时，有固定的某只传感器始终探测能力差。

2）故障原因分析：倒车雷达系统已工作，但某只传感器探测能力弱，可能原因是传感器内部自身问题或传感器表面不清洁。

3）维修方法：清除传感器表面异物或更换失灵传感器。注：后保险杠左、右两只传感器的探测能力比中间的两只弱，属于正常。

一、实施环境

1）汽车实训基地。
2）扳手、螺钉旋具、专用工具。
3）翼子板护裙、转向盘护套、座椅护套和脚垫。
4）大众捷达轿车或教学整车一辆。
5）数字万用表、夹子钳、塞尺、连接电缆、电流表、试灯、稳压电源等。
6）大众捷达轿车维修手册。

二、实施步骤

1. 粘附式倒车雷达系统安装

它仅限于具有粘贴性探头的报警器，这种方法无须在车体上开孔，只将报警器粘贴在适当位置即可，这种报警器一般安装在尾灯附近或行李箱门边。具体的安装方法是：

1）将附带橡胶圈套在传感器（探头）上，引线向下并与地面垂直。

2）确定传感器（探头）安装位置。

3）将传感器（探头）沿垂直方向贴合。

4）用电吹风将双面贴加热，然后撕去面纸，贴到确定部位。

5）将报警器的闪光指示灯安装在易被驾驶人视线捕捉的仪表台上。

6）将控制器安装在不热、不潮和无水的行李箱侧面。

7）将蜂鸣器安装在后窗玻璃前的平台上。

8）将传感器（探头）屏蔽线隐蔽铺设，以防压扁、刺穿，并起到美观的效果。

粘附式安装倒车雷达系统的缺点就是容易掉落。

2. 开孔式倒车雷达系统安装

（1）传感器（探头）安装

1）走线：将后椅拆开进行走线（后椅和塑料壳都要拆开）。线束需避开高温、高压位置安装。破头接线处要绝缘包扎。

2）根据倒车雷达说明书里的具体数字指标，测量传感器安装定位位置。倒车雷达传感器装得太低会出现假报警，太高则会出现漏报。一般应该装在车的后保险杠上，离地高度为车前的安装45～55cm、车后的安装50～70cm，如图5-32和图5-33所示。

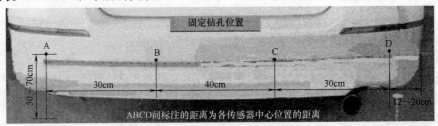

图5-32 车后传感器安装定位位置

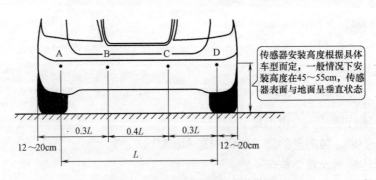

图5-33 车前传感器安装定位位置

3）开始打孔，打孔前的预定位操作很关键，如图5-34所示。

4）拆开后保险杠安装传感器，注意：传感器有上下方向，不能装反，有"UP"标记一侧朝上安装。传感器引线汇总，注意传感器从左至右有标识顺序，不能错，如图5-35所示。

（2）主机安装 主机安装的位置，一般是用螺钉锁在左侧车身上，这样更牢靠。建议尽可能安在左侧靠近驾驶人的地方，那样布线和安装主机也相对简单牢靠。如果主机与显示器为无线传递，则主机应靠近显示器。

图 5-34 按照预定位来打孔

图 5-35 探头安装图

(3) 电源连接　由于倒车雷达是在挂上倒档、倒车灯亮的时候起作用,因此电源线可和倒车灯并接。电源接线应规范,分四股双铰接,并用电烙铁焊接。

(4) 显示器安装

1) 无数字显示距离只带语音提示的倒车雷达,可以把蜂鸣器放到后窗玻璃前的平台上,不影响美观。

2) 带距离显示屏的倒车雷达,显示屏或报警显示器安放在前仪表台上,需要通过拆卸线路槽扣板进行门下侧布线。

3) 原车的倒车后视镜上加装了一个大视野后视镜的倒车雷达,带倒车雷达显示,原车自带,无须安装。

任 务 工 单

任务5-3　倒车雷达系统的检修

班　级		姓　名		学　号	
地　点				等　级	

任务目的	
任务过程	1. 汽车倒车雷达系统的组成及作用 （1）组成 （2）作用 2. 根据前面图5-31说明倒车雷达的工作原理

（续）

任务过程	3. 写出倒车雷达系统常见故障及检查步骤 （1）常见故障 （2）检查步骤 4. 倒车雷达安装步骤及操作

考核评价	考评项目		分 值	教师考核	备 注
	素质考评	团队协作	10分		
		语言表达	10分		
		实训纪律	10分		
	过程考评	工具使用	10分		
		任务实施	30分		
		完成情况	20分		
		工位整理	10分		
	合　计				

任务 5-4　定速巡航系统的检修

任务导入

汽车定速巡航系统是一种可使汽车发动机工作在有利转速范围内，减轻驾驶人的驾驶操纵劳动强度，提高行驶舒适性的汽车自动行驶装置。定速巡航系统又可称为巡航行驶装置、速度控制系统、巡航控制系统等。汽车定速巡航系统闭合开关之后，可按驾驶人要求的速度，在不踩加速踏板的情况下自动地保持车速，使车辆以固定的速度行驶。采用这种装置，使驾驶人在高速公路上长时间行车时，不必控制加速踏板，就可以保持汽车恒速行驶，减轻了驾驶人的疲劳，同时减少了不必要的车速变化，也节省了燃料。

任务分析

现代汽车配置了定速巡航系统，虽然提高了车辆的性能、增加了功能，但同时也给汽车的使用与维修带来一定的困难。本单元讲述了汽车定速巡航系统各部件的组成、结构及检修方法，要求学生能独立完成汽车定速巡航系统的检修与故障诊断。

相关知识

一、汽车定速巡航系统的功能及特点

1. 定速巡航系统的功能

（1）基本功能

1）车速设定：当按下车速设定开关后，就能存储该瞬时的行驶速度，并能保持这一速度行驶。当汽车在路面质量好、无逆向车流及分道行车、适宜长时间稳速行驶的高速公路上行驶时，驾驶人可以按下设定开关，设定一个稳定行驶车速，便可以不再踏加速踏板和操纵变速杆，使车辆以稳定车速行驶。

2）消除功能：当踩下制动踏板时，上述功能立即消失。但是，上述设定速度继续存储。这时，驾驶人应按常规操作驾驶车辆，直到再按另外的功能开关时为止。注意，在车辆行驶速度高于 40km/h 时，其所设定的车速值仍然存储在系统中，可随时通过开关对其调用。

3）恢复功能：按恢复开关能恢复原来存储的车速，当驾驶人处理完所发生的情况并可恢复稳定行驶时，则可按恢复开关，车辆即可按此前所设定的车速稳定行驶。

除了以上三种基本功能，如果需要可增加以下功能：

4）滑行：按下滑行开关进行减速，以离开开关时的速度作为巡航车速行驶。滑行功能也称为减速功能。当按下滑行开关时，车辆便在原设定车速的基础上减速行驶，若一直按住此开关，则车辆便一直进行减速行驶；释放此开关时，车辆便以释放开关瞬间的车速稳速行驶。

5）加速：按下加速开关进行加速，以离开开关时的车速作为巡航车速行驶。当按下加速开关时，车辆便在原设定车速的基础上进行加速行驶。若按下此开关并保持住，则车辆继

续加速；释放此开关时，车辆便以释放开关瞬时的车速稳速行驶。

6）速度微调升高：在定速巡航行驶中，当操纵开关以 ON-OFF（接通-断开）方式变换时，将使车速稍稍上升。当车辆的行驶速度低于已设定的车速（通常为40km/h的低速极限）时，车辆的定速巡航系统不起作用，并把低于此速度的信息储存起来。

（2）故障保险功能

1）低速自动消除功能：当车速小于40km/h时，存储的车速消失，并且不能再恢复此速度。

2）制动踏板消除功能：在制动踏板上装有两种开关，一种用于对ECU的信号消除；另一种是直接使执行元件停止工作。

3）各种消除开关：除了利用制动踏板的消除功能外，还有驻车制动、离合器（手动变速器车）、变速杆（自动变速器车）等操作开关的消除功能。

2. 定速巡航系统的优点

综合其功能作用，定速巡航系统主要具有以下的优点：

1）提高汽车行驶时的舒适性：特别是在郊外或高速公路上行驶时，这种优越性更为显著。当汽车以一定的速度行驶时，该系统减少了驾驶人的负担，使驾驶更轻松。

2）节省燃料，具有一定的经济性和环保性：在同样的行驶条件下，对一个有经验的驾驶人来说，可节省燃料。这是因为在使用了这一系统后，可使汽车的燃料供给与发动机功率之间处于最佳的配合状态，并减少废气的排放。

3）保持汽车车速的稳定：汽车无论是在上坡、下坡、平路上行驶，或是在风速变化的情况下行驶，只要在发动机功率允许的范围内，汽车的行驶速度将保持不变。

二、定速巡航系统的组成与原理

定速巡航系统是一种利用电子控制技术保持汽车自动等速行驶的系统，如图5-36所示。当汽车在高速公路上长时间行驶时，接通巡航控制主开关，设定希望的车速，定速巡航系统将根据汽车行驶阻力的变化，自动增大或减小节气门开度，使汽车按设定的车速等速行驶，驾驶人不必操纵加速踏板。

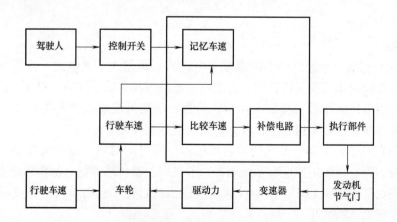

图5-36 电子控制定速巡航系统的控制过程图

驾驶人操纵巡航控制开关，将车速设定、减速、恢复、加速、取消等命令输入 ECU。当驾驶人通过巡航控制开关输入了设定命令时，ECU 便记忆此时车速传感器输入 ECU 的车速，并按该车速对汽车进行等速行驶控制。汽车在巡航行驶过程中，不断通过比较电路将实际车速与设定车速进行比较，计算出实际车速与设定车速的差值，然后通过补偿电路输出对执行部件的命令，执行部件控制发动机节气门开大或关小，使实际车速接近设定车速。汽车定速巡航系统是一种汽车辅助驾驶系统，可以在 40~200km/h 的车速范围内，启动该系统，人为设定一个车速，定速巡航系统就会根据行驶阻力的变化，自动增减节气门开度，使汽车保持一定速度行驶，驾驶人将不需再操控加速踏板，只要把住转向盘就可以了，从而大大减轻了驾驶人的疲劳强度并节省了燃油，同时还能减少交通事故的发生。

定速巡航系统由巡航控制开关、传感器、巡航控制 ECU、执行器等组成。巡航控制开关和传感器将信号送至 ECU，ECU 根据信号计算出节气门的合理开度，并给执行器发出信号，调节节气门的开度，保证汽车按设定的车速等速行驶。

1. 巡航控制开关

巡航控制开关一般采用手柄式开关，安装于转向盘下方，也有的采用按键式开关，装在转向盘上。

巡航控制开关包括主开关（MAIN）、设定/减速开关（SET/COAST）、恢复/加速开关（RES/ACC）和取消（CANCEL）开关，如图 5-37 所示。

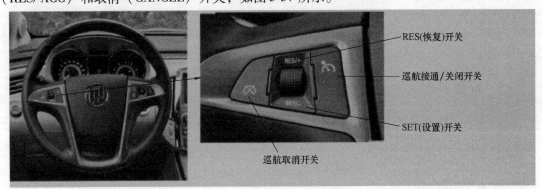

图 5-37　巡航控制开关及主开关

2. 传感器

（1）车速传感器　车速传感器的类型有电磁式、霍尔式、光电式、舌簧开关式等。车速传感器信号可同时用于发动机控制、自动变速器控制和巡航控制等。对于定速巡航系统而言，车速传感器信号的作用是提供实际车速信息，反馈给巡航控制 ECU，用于巡航车速的设定及将实际车速与设定车速进行比较，以便实现等速控制。

（2）节气门位置传感器　节气门位置传感器信号可同时用于发动机控制、自动变速器控制和巡航控制等。对于定速巡航系统而言，节气门位置传感器信号的作用是提供节气门开度信息，反馈给巡航控制 ECU，用于计算需要输出的目标车速与节气门开度的关系，以确定节气门开度输出量的大小。

（3）节气门控制摇臂传感器　节气门控制摇臂传感器可对巡航控制 ECU 提供节气门摇臂位置信号。节气门摇臂位置传感器为电位计式，巡航控制 ECU 根据节气门摇臂位置信号对节气门进行控制。

3. 巡航控制 ECU

巡航控制 ECU 接收来自巡航控制开关、车速传感器信号和其他相关信号，按照存储的程序对定速巡航系统进行控制。

巡航控制 ECU 有以下控制功能：

1）记忆设定车速功能。

2）等速控制功能：ECU 将实际车速与设定车速进行比较，确定节气门是否应该开大或关小，并根据实际车速与设定车速的差值，计算出节气门开大或关小的量；对执行器进行控制，保证汽车按设定车速等速行驶。

3）设定车速调整功能：当汽车以定速巡航模式行驶时，如果需要使设定车速提高或降低，则只要操作恢复/加速或设定/减速开关，就可以使设定车速改变，巡航控制 ECU 将记忆改变后的设定车速，按新的设定车速进行巡航行驶。

4）取消和恢复功能：当汽车以定速巡航模式行驶时，如果接通取消开关或接通任何一个其他的退出巡航的控制开关，巡航控制 ECU 将控制执行器使巡航控制取消。取消巡航控制以后，要想重新按定速巡航模式行驶，只要操作恢复/加速开关，巡航控制 ECU 即可恢复原来的巡航车速行驶。

5）车速下限控制功能：车速下限是巡航控制所能设定的最低车速。不同的车型稍有不同，一般为 40km/h。车速低于 40km/h 时，巡航车速不能被设定，定速巡航系统不能工作。当巡航行驶时，如果车速降至 40km/h 以下，则巡航控制将自动取消，且巡航控制 ECU 存储器内存储的设定车速将被清除。

6）车速上限控制功能：车速上限是巡航控制所能设定的最高车速。

7）安全电磁离合器控制功能：当汽车以定速巡航模式行驶时，如果因为汽车下坡导致车速高于设定车速 15km/h，则巡航控制 ECU 会将定速巡航系统的安全电磁离合器切断使车速降低。当车速降低至比设定车速高出不足 10km/h 时，安全电磁离合器再次接通，恢复巡航控制。

8）自动取消功能：当汽车以定速巡航模式行驶时，若出现执行器驱动电流过大，伺服电动机始终朝节气门打开的方向旋转时，则巡航控制 ECU 存储器内存储的设定车速将被清除，定速巡航模式将被取消，主开关同时关闭。

9）自动变速器控制功能：当具有自动变速器的汽车以定速巡航模式行驶时，会对自动变速器进行控制，例如如果上坡时变速器在超速档，车速降至比设定车速低 4km/h 以上时，巡航控制 ECU 会将超速档取消信号送至自动变速器 ECU，取消自动变速器超速档。

10）诊断功能：如果定速巡航系统发生故障，巡航控制 ECU 的自诊断系统会诊断出故障，并使仪表板上的巡航指示灯闪烁，以便提醒驾驶人。同时，巡航控制 ECU 会将故障码存储在存储器内，通过巡航控制指示灯的闪烁或使用故障诊断仪可以读取故障码。

4. 执行器

定速巡航系统的执行器由 ECU 控制，根据 ECU 的控制信号控制节气门的开度，以保持车速恒定。定速巡航系统执行器有真空驱动型和电动机驱动型两种。

真空驱动型执行器依靠真空驱动节气门。真空源有两种取得方式，一种是仅从发动机进气歧管取得，另一种是从发动机进气歧管和真空泵取得，如图 5-38 所示。

三、定速巡航系统的使用与检修

1. 定速巡航系统的使用方法

现以电子定速巡航系统的使用为例说明定速巡航系统的使用方法。一般定速巡航系统的操纵手柄有四档开关的位置，手柄的端部有按钮，这个按钮是定速巡航系统的总开关（CRUISE ON-OFF），按下按钮时，仪表板上的定速巡航系统 CRUISE ON-OFF 指示灯亮，表示系统可转入运行状态；如再按一下，则按钮弹起、指示灯灭，表示系统处于关闭状态。操纵手柄朝下扳动是巡航速度的设定开关（SET/COAST），向上推则是巡航速度取消开关（CANCEL）；朝转向盘方向扳起是恢复/加速开关（RES/ACC）。定速巡航系统的使用方法如下：

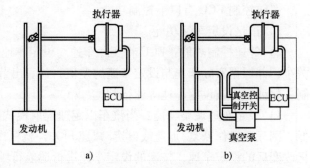

图 5-38 真空驱动型执行器的控制方法
a) 从进气歧管取得真空源 b) 从进气歧管和真空泵取得真空源

（1）设定巡航速度 为确保行车安全，定速巡航系统的低速控制点一般为 40km/h，也就是说车速低于 40km/h 时巡航系统不工作。设定巡航速度的方法是：第一，开启定速巡航系统，按下 CRUISE ON-OFF 按钮，踩下加速踏板，使车辆加速。第二，当车速达到人为设定值时，将定速巡航系统手柄置于 SET/COAST 位并释放，进入自动行驶状态，驾驶人可将加速踏板松开，定速巡航系统会根据汽车行驶时阻力的变化，自动调节节气门的开度，使车速保持在设定的范围内。若驾驶人想加速，例如需超越前方的车辆时，只要踩下加速踏板即可。超车完毕后再释放加速踏板，汽车便又恢复到已设定的巡航速度行驶。

（2）取消设定巡航速度 需取消设定的巡航速度时，有几种方法可供选择：第一，将定速巡航系统操纵手柄置于 CANCEL 位并释放；第二，踩下制动踏板使汽车减速；第三，装备 MT（手动变速器）的汽车，踩下离合器踏板即可，装备有 AT（自动变速器）的汽车，将变速杆置于空档即可。当汽车的行驶速度低于 40km/h 时，设定的巡航速度将自动取消；当汽车减速后车速比设定的巡航车速低时，定速巡航系统也将自动停止工作。

此外，汽车行驶时设定的巡航速度如不是由上述原因而自动取消，或仪表板上的巡航控制 CRUISE ON-OFF 开关指示灯出现闪烁现象，则表明系统出现故障。

（3）设定装备 AT（自动变速器）的汽车加速 将定速巡航系统操纵手柄置于 RES/ACC 位并保持手柄不动，此时车速将逐渐加快，当车速达到要重新设定的巡航速度时释放操纵手柄。这种加速的方法与前面所述设定巡航速度的操作方法相比，所用的时间较长。

（4）设定装备 AT（自动变速器）的汽车减速 将定速巡航系统的操纵手柄置于 SET/COAST 位并保持手柄不动，此时车速将逐渐减慢，当车速降至所要求的设定速度时释放操纵手柄。这种减速方法与踩制动踏板减速相比，减速度要小。

（5）恢复到原来设定的巡航速度 将定速巡航系统操纵手柄置于 RES/ACC 位，汽车可恢复到原设定的速度做巡航行驶。车速已降至 40km/h 以下或低于设定速度的差值在 16km/h 以上时，定速巡航系统自动停止工作。

2. 定速巡航系统使用注意事项

定速巡航系统在使用中还应注意以下几个问题：

1）为了让汽车获得最佳控制，在遇交通拥堵的场合，或在雨、冰、雪等湿滑路面上行驶及遇上大风天气时，不要使用定速巡航系统。

2）为了避免定速巡航系统误工作，在不使用定速巡航系统时，务必使定速巡航系统的控制开关（CRUISE ON-OFF）处于关闭状态。

3）汽车行驶在陡坡上使用定速巡航系统时，则会引起发动机转速变化过大，所以此时最好不要使用定速巡航系统。下坡驾驶中，必须避免车辆加速，如果车辆的实际行驶速度较设定行车速度高出很多，则可忽略巡航控制装置，然后将变速器换成低档，使车速得到控制。

4）汽车巡航行驶时，对装备 MT（手动变速器）的汽车切记不能在未踩下离合器踏板的前提下就将变速杆移置空档，而造成发动机转速骤然升高。

5）使用定速巡航系统时要注意观察仪表板上的指示灯"CRUISE"是否闪烁，若闪烁就表明定速巡航系统是在故障状态。发现故障状态时，应停止使用定速巡航系统，待排除故障后再使用。

3. 定速巡航系统的故障诊断与检修

（1）部件的检查 当定速巡航系统发生故障时，首先应进行外观检查，检查定速巡航系统的线束及插接器是否完好，部件是否丢失或损坏等。外观检查后一般应进行故障自诊断，其内容包括定速巡航系统状态指示灯的检查、读取故障码、输入信号检查、取消信号检查等。在进行故障自诊断时，如果读取到故障码，应进行故障码诊断，以进一步确定故障部位；如果没有读取到故障码，可按照故障征兆进行故障诊断。

（2）诊断电路的检查

1）检查电压：接通点火开关，测量位于仪表板左侧下方的诊断座的 T_c 与 E_1 端子之间的电压，应为蓄电池电压。否则，进行下一步骤。

2）检查线束：检查巡航控制 ECU 与诊断座之间及诊断座与搭铁之间的线束，如果线束有故障，进行修理。

4. 定速巡航系统故障诊断案例

（1）故障现象 北京帕杰罗速跑（PAJERO SPORT）3.0L 汽车，定速巡航系统失效。

（2）故障诊断与排除 该车定速巡航系统与其他车型定速巡航系统大致相同，在结构上，该系统将真空执行器与节气门融合为一体，取消了中间连线和拉线，其中控制开关不仅能操作自动定速巡航，同时对于定速巡航中的故障，可以人工读取故障码。根据上述故障现象，可先读取故障码，具体读码方法如下：

1）在接通设定开关 SET 的情况下，将点火开关打到 ON 位。

2）在 1s 内接通恢复开关（RESUME）。

3）再次接通设定开关 SET，踩制动踏板 5s 或更长时间，通过 CRUISE 灯闪亮读取故障码。

本案例中读得故障码 12，其含义是车速传感器信号异常。仔细检查车速传感器及其电路，发现其插线脱落。将插线插好后，试车，定速巡航系统功能恢复，故障排除。

任务实施

一、实施环境

1）汽车实训基地。
2）扳手、专用工具。
3）翼子板护裙、转向盘护套、座椅护套和脚垫。
4）定速巡航系统。
5）数字万用表、试灯、稳压电源、解码器等。
6）维修手册。

二、实施步骤

1. 定速巡航系统的使用

1）进行系统检查。
2）定速巡航开启条件测试。
3）定速巡航自动退出条件测试。

2. 定速巡航系统的诊断

1）进行系统检查。
2）定速巡航系统相关传感器检测。
3）定速巡航执行器检测。
4）读取故障码。
5）排除故障。
6）清除故障码。

任 务 工 单

任务 5-4　定速巡航系统的检修

班　级		姓　名		学　号	
地　点				等　级	

任务目的	
任务过程	1. 汽车定速巡航系统的组成及作用 （1）组成 （2）作用 2. 汽车定速巡航系统的工作条件及控制过程

（续）

任务过程	3. 汽车定速巡航系统的启动和解除操作步骤 （1）启动 （2）解除 4. 汽车定速巡航系统的常见故障及排除方法 （1）常见故障 （2）排除方法				
考核评价	考评项目		分　值	教师考核	备　注
	素质考评	团队协作	10 分		
		语言表达	10 分		
		实训纪律	10 分		
	过程考评	工具使用	10 分		
		任务实施	30 分		
		完成情况	20 分		
		工位整理	10 分		
	合　　计				

本项目小结

本项目讲述了汽车舒适与安全系统的检修,包括汽车空调系统检修、汽车安全气囊系统的检修、汽车倒车雷达系统的检修、汽车定速巡航系统的检修等。通过对各系统的组成结构、工作原理或控制过程的学习,要求学生能正确识别各系统的部件,掌握各系统故障现象、故障原因及故障诊断的思路,能够对各系统进行检修。

思考题

1)汽车空调系统的组成部件及功用是什么?
2)汽车空调系统制冷剂加注方法是什么?
3)汽车空调的检漏及性能测试方法是什么?
4)汽车安全气囊系统的检修及注意事项有哪些?
5)汽车倒车雷达系统的安装方法有哪些?
6)汽车定速巡航系统开启的条件及常见故障诊断步骤有哪些?

项目6 汽车全车电路图的识读

1. 知识目标

（1）掌握汽车电路图的表达方法及其特点

（2）掌握汽车电气系统的组成、控制元件及电路图

（3）学会在电路图中查找各组成部件

（4）初步掌握典型车系的全车电路图的分析方法

2. 能力目标

（1）能正确分析汽车电路图

（2）能运用原车电路图分析和查找电路故障

任务6-1 汽车的电气电路

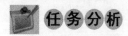

随着汽车工业的迅速发展，汽车性能的逐渐提高，汽车电器日益增多，汽车电路也日趋复杂。汽车电路图的简化和规范化已是当今世界各国汽车电路表达方法的趋势。

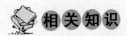

本单元讲述了汽车的全车电器电路和汽车电器间的内在联系，为正确使用汽车电器设备，迅速地分析与排除电器故障提供了依据。

相关知识

一、汽车电路图

汽车电路图是将汽车的电源及各种用电设备按照它们各自的电路连接关系，通过开关、导线、熔丝等配电设备连接起来构成完整电路的，且用特定的符号形式表示出来的图形。它可以清楚地表示出汽车电器设备各系统和装置的工作原理及相互之间的内在关系。汽车电路常用的表达方法有汽车电气电路图、汽车电路原理图、汽车线束图三种。

1. 汽车电气电路图

汽车电气电路图是传统的汽车电路表达方法，它是按汽车电器在汽车上的实际位置，用线从电源至搭铁一一连接起来所构成的电路图。这种画法的优点是电器设备的外形、安装位置都与实际情况一致，因此可以循线跟踪，导线中间的分支、接点容易找到，便于制作线束，故仍有不少厂家沿用；缺点是电路图中线束密集、纵横交错，读图、分析故障不便，如

图 6-1 所示。

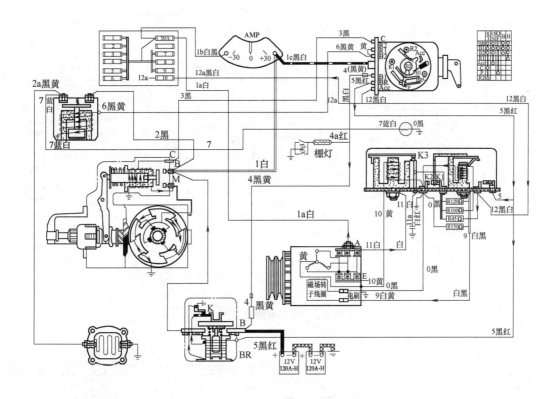

图 6-1 汽车电气电路图

2. 汽车电路原理图

汽车电路原理图是用简明的图形符号按电路原理将每个系统由上到下合理地连接并排列起来而成的。这种画法对电路图作了高度的简化,有图面清晰、电路简单明了、通俗易懂、电路连接控制关系清楚等优点,因此对迅速分析排除电器设备的故障十分有利,如图 6-2 所示。

3. 汽车线束图

汽车线束图是将有关电器的导线汇合在一起组成线束来表达汽车电路的电路图,常用于汽车厂总装线和修理厂的连接、检修与配线。线束图主要表明各用电器线束的连接部位、接线柱的标记、线头、插接器的形状及位置等,它是人们在汽车上能够实际接触到的汽车电路图。这种图一般不去详细描绘线束内部的电线走向,只将露在线束外面的线头与插接器进行详细编号或用字母标记。它是一种突出装配标记的电路表现形式,非常便于安装、配线、检测与维修,如图 6-3 所示。

二、大众汽车电气电路的识别

大众汽车用电设备较多,控制系统完善,电路复杂,大多采用元件数字代号绘制全车电路,同时附有详细的元件明细栏和中央控制板接线代号,并且在图上标注导线的颜色。

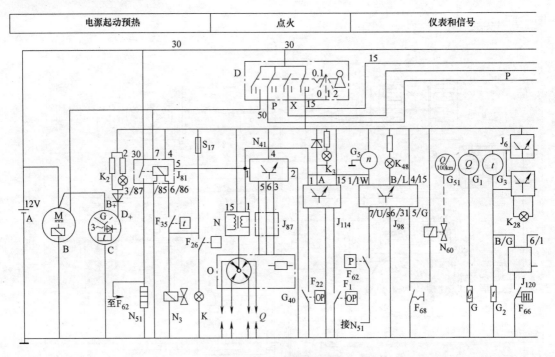

图 6-2 汽车电路原理图

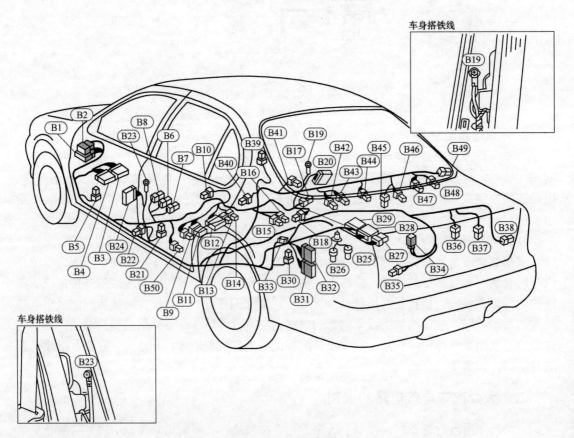

图 6-3 汽车线束图

1. 汽车电路图的特点

（1）接点标记具有固定的含义　在大众公司汽车电路图中经常遇到接点带有数字及字母的标记，它们都具有固定的含义，如数字 30 代表的是来自蓄电池正极的供电线；数字 31 代表蓄电池负极搭铁线；数字 15 代表来自点火开关的点火供电线；数字 50 代表点火开关在起动档时的起动供电线；X 代表受点火开关控制的大容量用电设备供电线（来自卸荷继电器的供电线）等。无论这些标记处在电路的什么地方，相同的标记都代表相同的接点。

（2）所有电路都是纵向排列不相互交叉　大众公司汽车电路图采用了断线地址代码法来处理电路复杂交错的问题。如图 6-4 所示，某一条电路的上半段在电路接续号为 2 的位置，对应标有 22 的小方格；下半段电路在电路接续号为 22 位置上，对应标有 2 的小方格，那么，通过 2 和 22 就可以将上、下半段电路连在一起了。

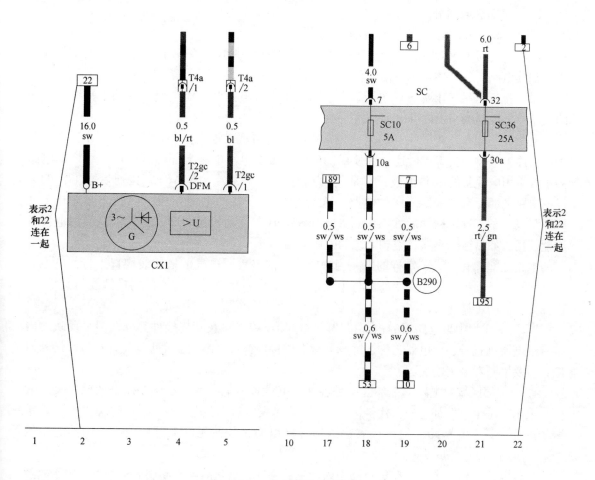

图 6-4　电路续接识读

（3）带星号电路图说明　图 6-5 中折走路部分为配置不同或年款不同的车型，带一个星号的线束表示截至 2012 年 8 月发动机的电路，带两个星号的线束表示从 2012 年 8 月起发动机的电路。有些也表示发动机排量不同，所以读图时可以拆分为两幅图来理解。

(4) 电路图表明电器的搭铁方式和部位注有带圈的数字代号。不是所有用电器搭铁都直接与金属车体相连接,有的通过搭铁插座,有的则通过其他电器或电子设备再搭铁。

(5) 接点标志具有固定的含义 在电路图中经常遇到接点标志的数字及字母,它们都有固定的含义。例如,在电路图中的连接插头统一用字母 T 作为代号,紧接的数字表示该插头的孔数以及连接导线对应的孔的序号,如 T7/1 表示该插头为 7 孔,连接导线对应的插孔序号为 1。

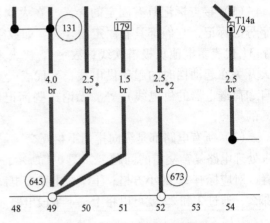

图 6-5 带星号电路识读图

2. 电路图区域划分

如图 6-6 所示,大众汽车电路图划分为三个区域:上部区域、中部区域、下部区域,现根据大众奥迪轿车局部电路图做一下具体说明(识读电路图的具体说明见图注释)。

(1) 上部区域 上部区域包括上方表示整车电气电路和电源电路的 4 条水平线和下面的汽车中央控制电路板的继电器与熔断器。

电路上部标有"30"字样的电路为常火线,它与蓄电池直接相连,中间不经过任何开关,为停车或发动机熄火后还需要使用的用电设备供电。电路上部标有"15"字样的电路为小容量用电设备的电源正极,它是点火开关在"ON"或"START"接通后才工作的火线。电路上部标有"X"字样的电路为大容量用电设备的电源正极,它也是点火开关在"ON"或"START"接通后才工作的火线,它只有在发动机运转时,由其供电的用电设备方能使用,如后窗除霜器、空调系统的鼓风电动机等。

电路上部标有"31"字样的电路为搭铁线,许多重要电气的搭铁线均直接与蓄电池的负极相连。发动机与车身、变速器与车身之间除了金属接触外还有专门的搭铁线与其相连,以保证工作的可靠性。

"C"字样为中央电路板的内部接线。继电器、熔断器及其连接件部分在图上反映的内容有继电器位置号、继电器名称、继电器盒上插接件符号、继电器盒上连接件符号、熔断器位置号及熔断器额定电流等。

(2) 中部区域 电路图中部区域是各种用电设备,电气元件在图中用框图辅以相应的标号表示。每个元件都有一个代号,如"C"表示发电机,"D"表示点火开关,"E3"表示警告灯开关等。电器元件的连接点都以标号标出,标号在元件上可以找到。例如起动机"B"有两个接点,其中一个标号为 30,另一个为 50。

另外电路图标注中还有在黑色圆圈内标注数字的,这是故障诊断用的检测点,用于故障诊断程序,如图 6-7 中所示。

(3) 下部区域 电路图下部区域为搭铁点代号和电器元件在电路图中的位置号,以便查阅。

1) 搭铁点:如图 6-6 所示的"⑩"表示搭铁点位置,在发动机控制单元旁的车身上。

2) 电器元件在电路图中的位置号:如图 6-5 所示在最下方横线处标有"48,49,50…"

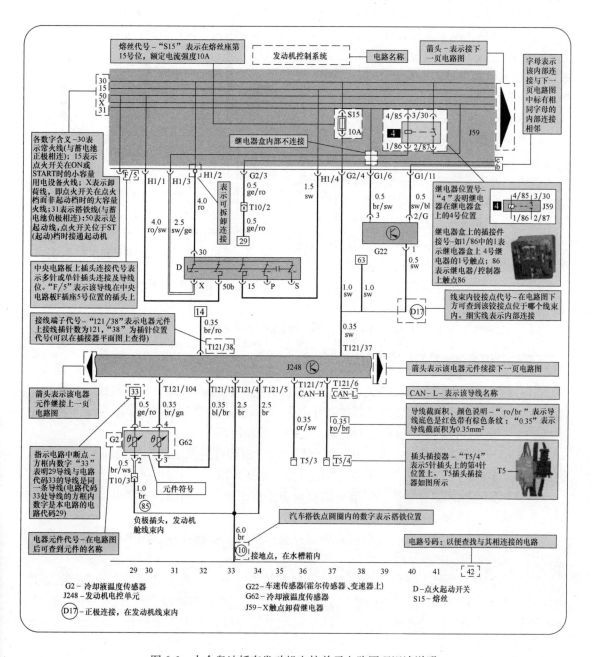

图 6-6　大众奥迪轿车发动机电控单元电路原理识读说明

一系列数字，表示它们所对应的电器元件的位置号。这一标号只是制图和识图的位置号，数字大小没有实际的物理意义。它的作用一方面是顺序表达整车电路的全部内容，便于每一个部分相互独立；另一方面便于查找电路图中的连续部分。

（4）连接部分　电路图中连接部分可分为外线连接部分和内线连接部分。外线连接部分在图中以粗实线画出，集中在图的中间部分。每条线上都标有导线的颜色和截面积。线端有接线柱号或插口号，标示其连接关系。如果导线是双色的，则两种颜色共同标注，主色

（所占面积大者）在前，辅助色在后，一般用英文的缩写字母表示，如ws/sw和sw/ge等。其中，ws=白色，sw=黑色，ro=红色，br=棕色，gn=绿色，bl=蓝色，gr=灰色，li=紫色，ge=黄色。导线的截面积以数字标示在导线颜色上方，如2.5、1.0、0.5等，单位为"mm^2"。截面积的大小表示导线的粗细，是导线的身份标志之一。

内线连接部分在电路图上以细线画出，这种连接不存在内部实际的电路，标示电路只是为了说明某种连接关系，便于进行原理和电路分析。图6-7所示故障诊断用的检测点体现了电路图上的上述特点。读图时应按照读图要领去识读电路图，并结合电路图下方的注解和说明，方便理解。识读一定数量的电路图后，就

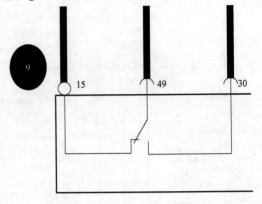

图6-7 故障诊断用的检测点

会发现不同车型全车电路具有一定的共同点，进行及时归纳整理共性及差异，举一反三，就能熟练地掌握电路图的识读。

（5）电路符号说明 大众汽车电路符号说明如图6-8所示。

三、识读汽车电路图的方法

（1）认真读几遍图注 图注说明了该汽车所有电气设备的名称及其数码代号，通过读图注可以初步了解该汽车都装配了哪些电气设备，然后通过电气设备的数码代号在电路图中找出该电气设备，再进一步找出它们之间相互的连线和控制关系。

（2）牢记电气图形符号 汽车电路图是利用电气图形符号来表示其构成和工作原理的，因此，必须牢记电气图形符号的含义，才能看懂电路原理图。

（3）熟记电路标记符号 为了便于绘制和识读汽车电气电路图，有些电器装置或其接线柱上都赋予了不同的标记符号或代号，应熟记。

（4）牢记汽车电路特点 汽车电路的特点是单线制、负极搭铁、用电设备并联、两个电源。

（5）牢记回路原则 任何一个完整的电路都是由电源、熔断器、开关、控制装置、用电设备、导线等组成的。电流流向必须从电源正极出发，经过熔断器、开关、控制装置、导线等到达用电设备，再经过导线（或搭铁）回到电源负极，才能构成回路。因此电路读图时，有三种思路：

1）沿着电路电流的流向，由电源正极出发，顺藤摸瓜查到用电设备、开关、控制装置等，回到电源负极。

2）逆着电路电流的方向，由电源负极（搭铁）开始，经过用电设备、开关、控制装置等回到电源正极。

3）从用电设备开始，依次查找其控制开关、连线、控制单元，到达电源正极和搭铁（或电源负极）。

实际应用时，可视具体电路选择不同思路，但有一点值得注意：随着电子控制技术在汽车上的广泛应用，大多数电气设备电路同时具有主回路和控制回路，读图时要兼顾。

符 号	名 称	符 号	名 称
	手动开关 车内灯开关、内部锁开关	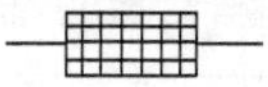	线圈 防盗器读出线圈
	手动按钮开关 喇叭按钮、点烟器按钮		发光二极管
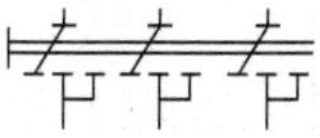	点火开关、灯开关 手动多级开关		二极管
	电阻		蓄电池
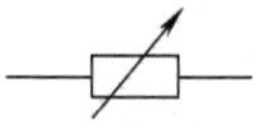	可变电阻 节气门传感器、燃油表传感器	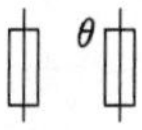	熔断器
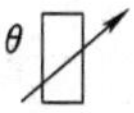	热敏电阻 进气温度传感器、 冷却液温度传感器	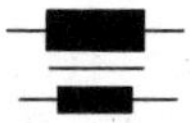	点火线圈
	加热器加热电阻		火花塞
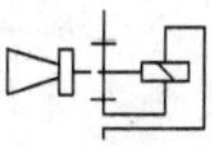	喇叭		电子控制器
	电磁阀		指针式仪表
	速度传感器	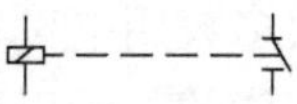	继电器
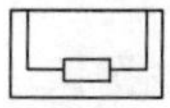	感应式速度传感器	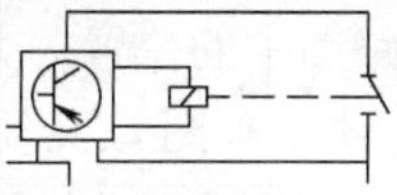	电子控制式 继电器
	机械控制开关 车门接触开关、制动灯开关		起动机
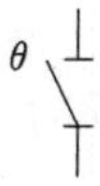	热敏开关 风扇热敏开关、 座椅调整电动机热敏开关	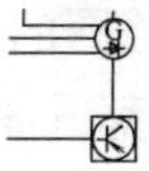	带电压调节器 的交流发电机
	压力开关 机油压力开关、空调压力开关	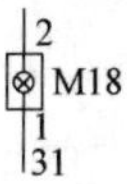 M18	灯泡
		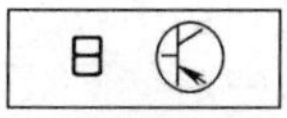	数字式时钟
	电动机		多功能显示器

图 6-8 大众汽车电路符号说明

(6) 分割各个单元系统　读懂汽车电路图，首先必须掌握组成电路的各个电器元件的基本功能和电器特性。在大概掌握全图的基本原理的基础上，再把一个个单元系统电路分割开来，这样就容易抓住每一部分的主要功能及特性。在框划各个系统时，一定要遵守回路原则，注意既不能漏掉各个系统中的组件，也不能多框划其他系统的组件，一般规律是：各电气系统只有电源和总开关是公共的，其他任何一个系统都应是一个完整的独立的电气回路，即包括电源、开关、熔断器、电器（或电子电路）、导线等，从电源的正极经导线、开关、熔丝至电器后搭铁，最后回到电源负极。

(7) 熟记各局部电路之间的内在联系和相互关系　从整车电路来讲，各局部电路除电源电路公用外，其他单元电路都是相对独立的，但它们之间也存在着内在联系（如信号共享）。因此，识图时，不但要熟悉各局部电路的组成、特点、工作过程和电流流经的路径，还要了解各局部电路之间的联系和相互影响。这是迅速找出故障部位、排除故障的必要条件。

(8) 掌握各种开关在电路中的作用　对多层多档接线柱的开关，要按层、按档位、按接线柱逐级分析其各层各档的功能。有的用电设备受两个以上单档开关（或继电器）的控制，有的受两个以上多档开关的控制，其工作状态比较复杂。当开关接线柱较多时，首先看准从电源来的一两个接线柱，再逐个分析与其他各接线柱相连的用电设备处于何种档位，从而找出控制关系。对于组合开关，实际电路是在一起的，而在电路图中又按其功能画在各自的局部电路中，遇到这种情况必须仔细研究识读。

(9) 全面分析开关和继电器的初始状态与工作状态　在电路图中，各种开关、继电器都是按初始状态画出的。即按钮未按下、开关未接通、继电器线圈未通电、其触点未闭合（指常开触点）等，这种状态称为原始状态。在识图时，不能完全按原始状态分析，否则很难理解电路的工作原理，因为大多数用电设备都是通过开关、按钮、继电器触点的变化而改变回路，进而实现不同的电路功能的。所以，必须进行工作状态的分析。

(10) 掌握电器装置在电路图中的位置　大量电器装置是机电合一的，在电路图上表示时，厂家为了使画法既简单（便于画图）又便于识图，多根据实际情况采用集中或分开表示法。集中表示法是把一个电器装置的各组成部分，在图上集中绘制的一种表示方法。此法仅适用于较简单的电路。分开表示法是把继电器的线圈、触点分别画在不同的电路中，再用同一文字符号或数字符号将分开部分联系起来。

(11) 先易后难　有些汽车电路图的某些局部电路可能比较复杂，一时难以看懂，可以暂时将其放一放，待其他局部电路都看懂后，结合看懂的图中与该电路有联系的有关信息，再来进一步识读这部分电路。

(12) 注意搜集资料和经验积累　对于看不懂的电路要善于请教有关人员，同时还要善于查找收集相关资料；注意深入研究典型汽车电路，做到触类旁通；特别注意实际工作经验的积累，新技术、新工艺的应用和创新。

(13) 以电控系统的 ECU 为中心　ECU 是整个系统的控制中心，所有电器部件都必然与这里发生关系。分析电路时对 ECU 的各个引脚要有大致印象，弄清楚分为几个区域，各区引脚排列的规律；找出系统给 ECU 供电的电源线有哪些，注意一般 ECU 都不止一根电源线，弄清楚各电源线的供电状态（如常火线或开关控制）；找出该系统的搭铁线有哪些，注意分清哪些是在 ECU 内部搭铁，哪些是在车架上搭铁，哪些是在各总成机体上搭铁。

（14）找出哪些是系统的信号输入传感器 从传感器入手分析时应查看各传感器是否需要电源，并找出相应的电源线；该传感器在何处搭铁。

（15）找出系统的执行器有哪些 从执行器入手分析时应弄清电源供给和搭铁情况；ECU 控制执行器的方式（控制搭铁端或电源端）。

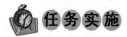
任务实施

一、实施环境

1）汽车实训基地
2）大众或别克发动机及全车电路示教台 4 台。
3）常用工具 4 套，万用表 12 个、导线若干。

二、实施步骤

1. 汽车电路图特点及读图要领介绍

（1）特点
（2）读图要领
（3）继电器位置编号与名称
（4）全车电路识读
1）电源系统电路。
2）起动系统电路。
3）点火系统电路。
4）照明系统电路。
5）辅助系统电路。

2. 各系统故障诊断要点

1）电源系统故障诊断：不充电，充电电压过低故障
2）起动系统故障诊断：不起动、运转无力、工作异响故障。
3）点火系统故障诊断：高压无火、火花弱、点火不正时等故障。
4）照明系统故障诊断：前照灯不亮、转向灯不工作（闪烁）、示廓灯不工作、组合开关损坏等故障。
5）辅助系统故障诊断：喇叭不响、仪表（机油、冷却液温度、燃油）故障、点烟器不工作故障。

任 务 工 单

任务 6-1　汽车的电气电路

班　级		姓　名		学　号	
地　点				等　级	
任务目的					
任务过程	1. 识读下列电路符号的含义				

（续）

任务过程	2. 写出汽车电路图的分类				
	3. 汽车电路识读原则是什么				
	4. 说说汽车电路读图的思路主要有哪些				
考核评价		考评项目	分　值	教师考核	备　注
	素质考评	团队协作	10 分		
		语言表达	10 分		
		实训纪律	10 分		
	过程考评	工具使用	10 分		
		任务实施	30 分		
		完成情况	20 分		
		工位整理	10 分		
	合　　计				

任务6-2 其他典型轿车的电路分析

任务导入

现代汽车电气设备越来越多，电气电路越来越复杂，这就要求必须能够读懂汽车电路图，才有可能对汽车电气设备进行维修。各汽车制造厂绘制的电路图不尽相同，但识图原则相同。在掌握典型车系识读方法的基础上，对其他车系的电路图就可以触类旁通。

任务分析

不同车型全车电路具有许多共性，因此在掌握了汽车电路的表达方法、汽车电路图的识读原则和方法、典型汽车电路特点等知识的基础上，就可以掌握汽车电路图的分析与识读，为排除汽车故障打下良好的基础。

相关知识

一、通用车系电路分析举例

上海通用别克轿车的冷却风扇控制电路，如图6-9所示，分析过程如下：

冷却风扇由两个熔断器（6号40A和21号15A）分别向发动机冷却风扇供电。熔断器位于发动机舱盖下附件接线盒内。

(1) 冷却风扇低速工作时的电路　动力系统控制模块（PCM）通过低速风扇控制电路为继电器12的控制电路提供搭铁。继电器12的控制电路的电流通路回路：+B（与电源直接连接）→熔断器6→继电器12→PCM的低速风扇控制电路搭铁。于是，继电器12的线圈中有电流通过，控制常开触点闭合，向冷却风扇电动机供电。此时由于左侧的冷却风扇电动机与右侧的冷却风扇电动机串联，所以风扇以低速运转。电流通路回路为：+B（与电源直接连接）→熔断器6→继电器12→左侧的冷却风扇电动机→继电器9的常闭触点→右侧的冷却风扇电动机→导线系统搭铁分配器搭铁。

(2) 冷却风扇高速工作时的电路　PCM首先经低速风扇控制电路对继电器12提供搭铁路径，经3s延时后，PCM经高速风扇控制电路为继电器9和继电器10提供搭铁路径。左侧风扇电动机继续由熔断器6提供电流，而熔断器21（15A）为右侧风扇电动机提供电流。各风扇接收不同的搭铁路径。因此，风扇高速运行。左侧风扇电动机的电流通路回路为：+B（与电源直接连接）→熔断器6→继电器12→左侧的冷却风扇电动机→继电器9的常闭触点→导线系统搭铁分配器搭铁。右侧风扇电动机的电流通路回路为：+B（与电源直接连接）→熔断器21→继电器10→右侧的冷却风扇电动机→导线系统搭铁分配器搭铁。

PCM控制继电器12搭铁的条件如下：

1) 当发动机冷却液温度超过106℃时。
2) 当请求A/C且环境温度高于50℃时。
3) 当A/C制冷剂压力大于1.31MPa时。

对于风扇高速控制，PCM延后右侧冷却风扇电动机和继电器10控制达3s，3s延后可确

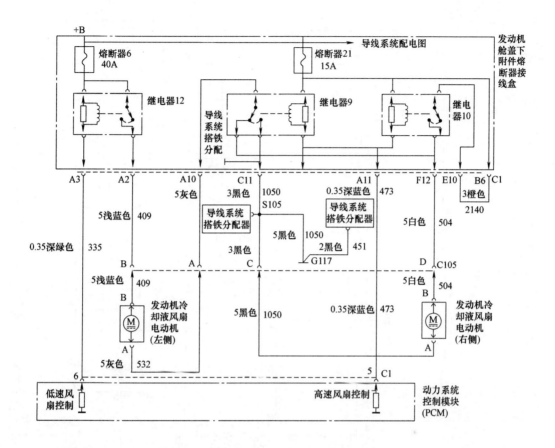

图 6-9 上海通用别克轿车冷却风扇控制电路

保冷却风扇电负荷不超过系统的容量。

PCM 在以下情况下为继电器 12、继电器 9 和继电器 10 提供搭铁：
1）当发动机冷却液温度超过 110℃ 时。
2）当 A/C 制冷剂压力大于 1.655MPa 时。

二、雪铁龙车系电路分析举例

雪铁龙轿车车内照明系统控制电路如图 6-10 所示，分析过程如下：

（1）阅读灯工作电路　点火开关打到 A 档或 M 档时，阅读灯才可以工作。其工作电路为：蓄电池正极→发动机舱盖下熔断器盒 50→插接器→仪表板线束 PB→点火开关 300→驾驶室内熔断器盒 52→熔断器 FU9→插接器→顶灯线束 PL→阅读灯 660→插接器→仪表板线束 PB→插接器→前部线束 AV→搭铁→蓄电池负极。

（2）前顶灯工作电路　前顶灯的工作不受点火开关的控制，但可以监测车门的关闭。当前顶灯开关打至监测档，车门未关闭时前顶灯亮。前顶灯监测车门关闭的工作电路为：蓄电池正极→发动机舱盖下熔断器盒 50→插接器→仪表板线束 PB→驾驶室内熔断器盒 52→熔

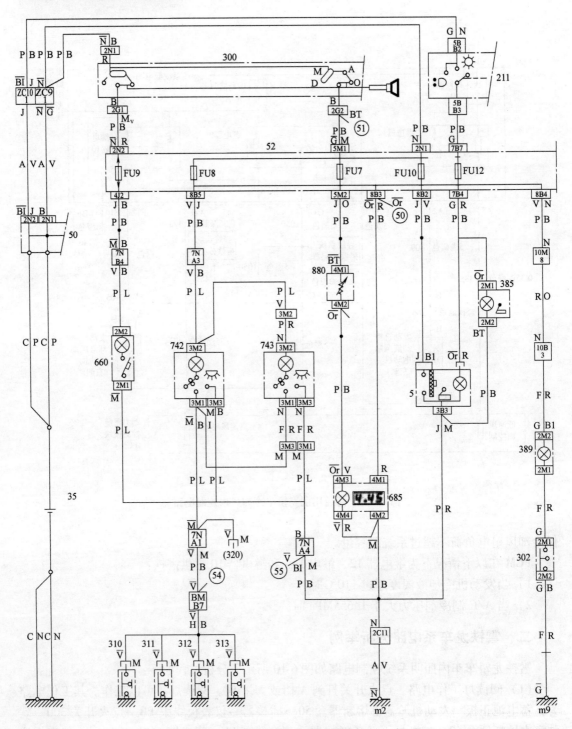

图 6-10 雪铁龙轿车车内照明系统控制电路

5—前点烟器　35—蓄电池　50—发动机舱盖下熔断器盒　52—驾驶室内熔断器盒　211—组合开关(照明、转向、喇叭)
300—点火开关　302—行李箱照明灯开关　310—左前门控开关　311—右前门控开关　312—左后门控开关
313—右后门控开关　385—前烟灰缸照明灯　389—行李箱照明灯　660—阅读灯　685—石英钟及照明灯
742—前顶灯　743—左后顶灯

断器 FU8→插接器→顶灯线束 PL→前顶灯 742（开关打至监测档）→插接器→仪表板线束 PB→插接器→驾驶室线束 HB→任一门控开关 310、311、312、313（车门未关闭时开关闭合）→搭铁→蓄电池负极。

（3）点烟器照明工作电路　点烟器照明灯受灯光开关控制，灯光开关打开时，点烟器照明灯亮。其工作电路为：蓄电池正极→发动机舱盖下熔断器盒 50→插接器→仪表板线束 PB→组合开关 211（灯光开关打开）→插接器→驾驶室内熔断器盒 52→熔断器 FU12→插接器→前点烟器 5 的照明灯与前烟灰缸照明灯 385（二者并联）→插接器→仪表板线束 PB→插接器→前部线束 AV→搭铁→蓄电池负极。

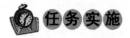
任务实施

一、实施环境

1）汽车实训基地。
2）雪铁龙或别克轿车发动机及全车电路示教台 4 台。
3）笔、绘图纸

二、实施步骤

1. 雪铁龙汽车电路识读与拆画

1）电源系统。
2）起动系统。
3）点火系统。
4）燃油喷射控制系统。
5）照明与信号系统。
6）空调控制系统。

2. 别克汽车电路识读与拆画

1）电源系统。
2）起动系统。
3）点火系统。
4）燃油喷射控制系统。
5）照明与信号系统。
6）空调控制系统。

任 务 工 单

任务 6-2　其他典型轿车的电路分析

班　级		姓　名		学　号	
地　点				等　级	
任务目的					
任务过程	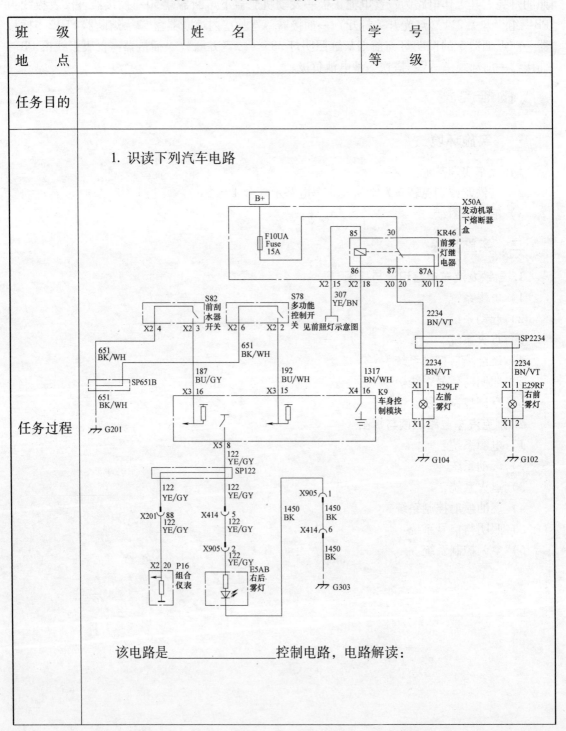				

1. 识读下列汽车电路

该电路是＿＿＿＿＿＿＿＿控制电路，电路解读：

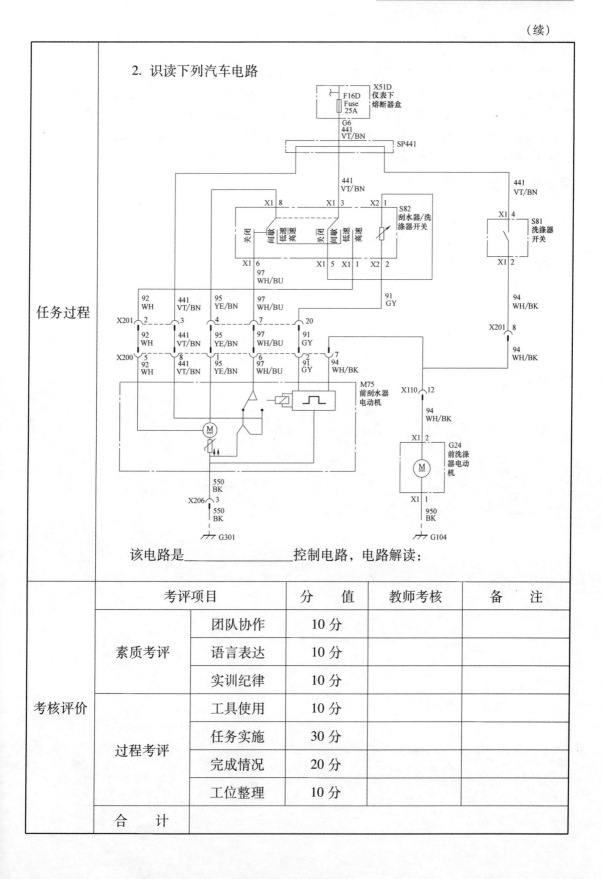

本项目小结

汽车电路识读是汽车维修过程中的一项重要的基本技能,本项目讲述了汽车电气电路的识读方法,包括汽车不同类型电路的识读、汽车电路的读图要领、汽车电路识读的基本原则等。最后以现在常见车型的电路为例进行了汽车电气各系统电路的识读。通过本章学习后,要求学生能利用汽车电路的基本识读要领,分析和解除汽车电气系统电路故障,为学习汽车检测与故障诊断打下良好的基础。

思考题

1)汽车电路的分类有哪几种?
2)汽车电路的识读要领有哪些?
3)汽车电路识读原则是什么?

参 考 文 献

[1] 文恺. 通用汽车电路维修速查手册[M]. 北京：化学工业出版社，2016.
[2] 贺剑，刘金华. 汽车空调结构与检修[M]. 北京：北京理工大学出版社，2010.
[3] 尹万建. 汽车电气设备原理与检修[M]. 北京：高等教育出版社，2008.
[4] 郝军. 汽车自动空调[M]. 北京：高等教育出版社，2007.
[5] 于万海. 汽车电气设备原理与检修[M]. 北京：电子工业出版社，2014.
[6] 凌永成. 汽车空调技术[M]. 北京：机械工业出版社，2014.
[7] 高洪一，康国初. 汽车电子技术[M]. 北京：北京交通大学出版社，2007.
[8] 康腊德·莱夫. BOSCH汽车工程手册[M]. 4版. 魏春源，译. 北京：北京理工大学出版社，2016.
[9] 赵亦林. 车辆定位与导航系统[M]. 北京：电子工业出版社，1999.
[10] 轩浩. 大众汽车电路维修速查手册[M]. 北京：化学工业出版社，2015.
[11] 麻友良. 汽车照明、信号及仪表系统原理与故障检修实例[M]. 北京：机械工业出版社，2010.
[12] 赵振宁. 汽车电气构造、原理与检修(下)–汽车电气辅助设备[M]. 北京：北京理工大学出版社，2015.
[13] 史文库. 现代汽车新技术[M]. 北京：国防工业出版社，2006.
[14] 姚美红，陈燕. 丰田车系电气系统维修手册[M]. 沈阳：辽宁科学技术出版社，2015.